ASPECTOS DO DESIGN

I

SENAI-SP editora

ÍNDICE

- **4** — Apresentação
- **6** — A vez da experiência
- **14** — A importância dos prêmios de design
- **18** — Unindo o futuro do Brasil ao Brasil do futuro
- **24** — Estratégias de design e o "efeito dominó" dos benefícios ambientais
- **30** — Criatividade e inovação no âmbito do design
- **40** — Design e cultura ou a (des)cultura do design
- **46** — O design no universo das micro e pequenas empresas
- **60** — Design em cerâmica
- **66** — Design nos BRICs: mee-too ou novas fronteiras?
- **74** — Design thinking
- **80** — Design para a sustentabilidade

88	Ergodesign e produtividade
96	O design e o vidro
104	O que nos dizem os lançamentos de embalagem
110	Pininfarina extra
118	Prototipagem rápida
124	Qual o real futuro da embalagem?
130	A identidade das micro e pequenas empresas
136	Senai-SP: ações de estímulo
142	Sustentabilidade: o novo capitalismo
150	As mudanças do design industrial para um design sustentável
158	Tendências e design: identificando oportunidades

Apresentação

ASPECTOS DO DESIGN

Este coletânea de artigos, ensaios e entrevistas, divulgados através de informativos eletrônicos mensais, produzidos pelo departamento de Design do SENAI-SP, busca estabelecer a relevância nas relações entre Design e Desenvolvimento Tecnológico e Econômico e ampliar o acesso ao conhecimento para as empresas, principalmente micro e pequenas, assim como para profissionais e estudantes da área de design.

Ao considerarmos a informação como insumo essencial a qualquer organização, evidencia-se seu papel fundamental no mundo globalizado, pois a vida contemporânea exige que os indivíduos e principalmente o setor produtivo, sejam informados o tempo todo - necessitam conhecer notícias, fatos, instruções, padrões, regras de procedimentos, normas, estatísticas, etc.

Neste contexto, ressaltamos que o mais importante não é a quantidade de informação disponível, e sim sua qualidade. Esta qualidade significa informações íntegras, atualizadas, precisas e no tempo certo para consubstanciar tomadas de decisões. Dispor informações com qualidade pressupõe inteligência, ou seja, habilidade para transformar a imensa massa de dados das organizações em informações consistentes, isto é, com valor agregado.

A quantidade de informações disponíveis nunca foi tão grande, apesar de todos os sistemas de gestão desenvolvidos, dispomos de poucos instrumentos realmente eficazes para filtrar informações pertinentes, no momento certo, considerando o enorme fluxo disponível no ciberespaço (internet), principalmente quando o assunto é design e desenvolvimento.

A atividade profissional do *design* é imprescindível para o desenvolvimento de produtos. Nesse contexto, qualquer estratégia que se pretenda para otimizar a inserção e a performance mercadológica dos produtos industriais, considerando requisitos de inovação e tecnologia, qualidade, forma, função e custo, bem como, atributos capazes de gerar encantamento e desejo impõe uma verdadeira revolução no processo de formação e capacitação desses profissionais.

Sendo assim, encontram-se nesta publicação uma coletânea dos variados temas tratados nos anos de 2010 e 2011, abordando materiais, embalagens, economia criativa, design nos BRICs, ergonomia, sustentabilidade e prototipagem, assim como entrevistas, tendências, cultura, criatividade e estratégia.

Desejamos contribuir para a efetiva disseminação de informações relevantes.

É nesse contexto que essa iniciativa pretende provocar bons resultados.

A todos uma boa leitura.

Sheila Brabo
Gerente do SENAI São Paulo Design

… 6

A vez da experiência

A CULTURA DO MERCHANDISING NO PONTO DE VENDA (PDV) GANHA ESPAÇO E HOJE JÁ FAZ PARTE DAS ESTRATÉGIAS DE NEGÓCIOS DE EMPRESAS.

Quando olhamos para o passado do varejo brasileiro percebemos que, ao longo das décadas finais do último século, ele se revestiu de elementos que remetiam à cultura além-trópicos e seu foco sempre se voltava mais para as tendências europeias e norte-americanas do que propriamente para o nosso povo como consumidores potenciais.

Com a melhoria das estruturas fabris e produtivas do país e, claro, com o aumento do poder de compra do brasileiro, alavancados, ainda, pelo reconhecimento do Brasil como um polo de criatividade e desempenho, a história do varejo vem sofrendo uma guinada positiva que hoje reverbera em pontos de venda que reproduzem atmosferas que extrapolam os sentidos do cliente e garantem uma verdadeira experiência de compra.

Num movimento quase que forçado e relativamente recente no país, a cultura do merchandising no ponto de venda – mais disseminada como visual merchandising ou vitrinismo – ganha espaço e hoje já faz parte das estratégias de negócios de empresas que vão desde o ramo têxtil até o mercado de fármacos e eletrônicos.

Se traçássemos uma linha do tempo, veríamos que o crescimento tímido das ações de merchandising no ponto de venda acompanha também a evolução da indústria têxtil que, desde a década de 1990, vem alimentando níveis cada vez maiores de lucro.

Como uma associação natural, esse crescimento deveria vir acompanhado de melhorias dos ambientes destinados às compras e no desenvolvimento de novas tecnologias de exposição de produtos como forma de permitir o perfeito andamento da roda de consumo e de construção de imagem de marca.

Todavia, foi preciso que empresas americanas e europeias (e aqui mais uma vez a nossa dependência do fator externo) invadissem o varejo nacional com ações de PDV diferenciadas para que o empresário brasileiro atentasse para a produção de ambiências que envolvessem o fator experiência durante o processo de compra.

Essa percepção também se deve ao aumento das demandas em relação às expectativas de um novo consumidor global que, desde o mesmo período, vem tomando conta do cenário nacional e trazendo novos desafios para o varejista.

O surgimento desse consumidor "zapeador", que transita entre os diversos setores da indústria e vai do luxo ao popular para satisfazer seus desejos hedonistas, trouxe uma percepção diferenciada de consumo e a necessidade do desenvolvimento de novos paradigmas para o design comercial.

Baseados na exploração das sensações, agências de publicidade, arquitetura e as ainda tímidas agências de visual merchandising, se aliam a criativos das mais diversas áreas para trazer, com suas equipes multidisciplinares, soluções inovadoras com DNA tupiniquim.

Cases de sucesso internacional, as alquímicas Havaianas e Melissa, por exemplo, se revestem da magia criada ao longo de décadas para entregar a seus consumidores pontos de venda que provocam associações positivas em relação ao universo da marca, e, ao mesmo tempo, diminuem o gap entre o que a empresa quer dizer e o que é percebido de sua mensagem por parte do seu interlocutor. Em suas flagship stores, ambas localizadas na rua Oscar Freire, em São Paulo, as duas marcas promovem um contato constante com seus consumidores nacionais e internacionais.

Na Galeria Melissa, ponto de encontro dos amantes da marca, a fachada recebe novas roupagens constantemente, como forma de incitar o visual e, ao mesmo tempo, traçar um caráter novidadeiro que é a cara das suas coleções. Já na loja conceito da Havaianas, o clima praiano invade a calçada e guia o olhar do cliente em direção à entrada, evidenciando a explosão de cores das "legítimas".

Compreendendo bem o espírito das ações de visual merchandising e merchandising como forma de acalentar o consumidor e conquistar o aclamado "share of heart", ou um pedacinho do coração desse player, as marcas nacionais começam a formatar suas equipes, especializando-as no desenvolvimento e na concretização de ações que começam na vitrine, invadem o interior da loja e que, por fim, acabam por extrapolar o ponto de venda alcançando também os limites entre o real e o virtual, numa brincadeira de marketing que envolve a transversalidade das novas mídias.

Na tentativa de entreter esse comprador, algumas ações lançam mão das novas tecnologias para garantir momentos de interatividade e conexão. Seja através de dispositivos sensíveis ao toque ou mesmo dos já consolidados QR codes, empresas de todo o país se revestem destes elementos para tentar compor uma atmosfera condizente com o que acontece ao redor do globo.

Pioneiros no assunto, o grupo Valdac já vem testando o uso de dispositivos que facilitam a logística e a reposição de produto em loja através de tags RFID, além de promover uma constante sinergia entre a equipe de venda e o departamento de marketing e merchandising, no sentido de provocar uma atmosfera consensual por meio da rede.

EXTRAPOLANDO OS LIMITES DO REAL, ALGUMAS EMPRESAS NACIONAIS JÁ APOSTAM EM MODELOS POSITIVOS DE VENDA E MANUTENÇÃO DE MARCA NO MEIO ONLINE.

Em sua nova empreitada, a recém-lançada Memove, além das tags que utilizam radiofrequência para rastrear as peças, o grupo aposta em tablets como forma de garantir uma experiência sinérgica no ponto de venda.

Com foco no público jovem, a Memove pretende criar em suas lojas um espaço de contato com o uso de aplicativos que simulam a venda casada de produtos de forma simples e sutil. A partir de uma peça escolhida, o aplicativo sugere ao consumidor formas diferentes de combinar o produto em análise, oferecendo uma forma de comprar moderna, divertida e interativa.

Ainda em fase de testes, a nova empreitada da marca prova que o varejo brasileiro vem se aproveitando de forma positiva das novas oportunidades e lançamentos do mercado para promover experiências únicas em suas lojas, e utilizando um planejamento estratégico de crescimento.

Extrapolando os limites do real, algumas empresas nacionais já apostam em modelos positivos de venda e manutenção de marca no meio online, sempre almejando alcançar público em todos os setores da vida.

Como forma de garantir a penetração no universo virtual, o varejo começa a ver a presença de marca em blogs e mídias sociais como o Twitter e o Facebook. Tudo dentro de uma política de dissipação que visa convergir também para as lojas virtuais que abrem espaço para uma nova discussão e estudo: o visual merchandising online ou OVM.

Disciplina recorrente nos cursos de ecommerce, o OVM já se mostra essencial em cases de sucesso como o da britânica ASOS, que, com o uso de imagens reais dos produtos em alta definição e mecanismos de busca e oferta de venda casada apurados, conquistou grande fatia do mercado jovem internacional com suas ações globais, seja por seu site oficial ou ainda em atuação em portais sociais como o Facebook.

Destaque nacional e resultado de um reposicionamento de marca, a loja online da gigante do luxo Daslu apresenta uma posição real do que está acontecendo no país. Com design arrojado, a boutique virtual traduz o universo das lojas físicas da rede e apresenta os produtos de forma clara e concisa, diminuindo as falhas na comunicação e na logística dos produtos.

Sempre buscando promover a circulação de informação entre várias disciplinas por meio de ações transversais, as empresas brasileiras já se aventuram no mar de incertezas que é o varejo utilizando ferramentas fortes como o merchandising (online e off-line) como forma de promover experiências inovadoras dentro de seus espaços de venda.

Apesar do caráter quase incipiente, o varejo nacional se remodela, reinventa e se consolida de forma clara no mercado, garantindo portas abertas à penetração internacional do produto made in Brasil e provocando esse novo consumidor global de forma inteligente e criativa com a cara e o jeitinho do brasileiro.

„ DANIEL FONSECA

É visual merchandiser, editor da Shop Talk Magazine, louco por lojas desde pequeno e viciado em novidades. Desde 2009 dá aulas, treinamentos e palestras sobre Visual Merchandising e Vitrinismo. É professor do Senac e do Sigbol Fashion, além de ser responsável pelos projetos de VM e Identidade Visual da Shop Talk.

„ ALVISE LUCCHESE

Formou-se em Produção Editorial, de onde veio seu fascínio por meios de comunicação e mídia impressa. Trabalhou como editor de arte em veículos e empresas de grande expressão em todo o Brasil, como Editora Abril, Folha de S.Paulo e Grupo RBS. Atualmente dedica-se aos projetos de VM da Shop Talk e é diretor de arte e consultor de pauta na Shop Talk Magazine.

A importância dos prêmios de design

Nas últimas décadas temos assistido ao surgimento de vários prêmios de design no Brasil e no mundo. Prêmios são sempre estimulantes e mobilizam as pessoas. Tem sido assim desde a Antiguidade, afinal, os louros da vitória são um cobiçado objeto de desejo da humanidade. Como um selo de qualidade, as premiações nacionais e internacionais têm um efeito múltiplo que se propaga em várias direções, envolvendo diversos atores.

Uma premiação repercute na carreira do designer premiado, sobre toda sua equipe e até mesmo na escola onde ele se graduou. Por sua vez, para os empresários e industriais, os prêmios têm um valor didático e emulador, reforçando a importância da contratação de profissionais de design pelas empresas ou da criação de departamentos de design nas próprias empresas.

As premiações aumentam as vendas, abrem novos mercados, despertam a atenção da mídia e o interesse de instituições. Credibilidade, visibilidade e valorização do profissional e da marca destacam-se entre as principais vantagens capitalizadas pelos vencedores. É indiscutível também que os prêmios criam uma oportunidade estratégica de divulgação de produtos e de confiabilidade junto ao consumidor.

Os prêmios de design proliferam no mundo há algumas décadas. Nos Estados Unidos, há mais de 30 anos temos o IDEA Awards, criado pela Industrial Designers Society of America (IDSA), um indicador confiável de excelente qualidade em design, que além das norte-americanas, recebe um grande número de inscrições de asiáticos e europeus, e é globalmente reconhecido.

Na Europa, dois prêmios importantes disputam as atenções: o IF Awards, que desde 1953 tornou-se um referencial de qualidade em design, e o Red Dot, um dos maiores concursos de design do mundo, realizado pelo Design Centre of North Rhine-Westphalia desde 1955. No Japão, a premiação Good Design Award, promovida pela Japan Industrial Design Promotion (JIPDO) há 53 anos, atesta a excelência do design de produtos.

No caso do IDEA/Brasil, tem sido uma grata surpresa constatar que as próprias indústrias têm tomado a iniciativa de inscrever seus produtos na premiação – um indicador de que nossos empresários estão valorizando o design e sua importância estratégica para alavancar vendas no mercado interno e promover exportações. Estamos superando a fase em que os designers precisavam batalhar para mostrar seu trabalho e convencer os industriais de que o design poderia fazer a diferença no desempenho das empresas. Afinal, a indústria é a grande demandante e beneficiária do design, que deve estar incorporado ao seu planejamento estratégico.

Consideramos muito bem-vindo o lançamento do Prêmio Senai-SP Excellence Design, que amplia ainda mais as possibilidades de visibilidade para profissionais e marcas que investem no design como elemento estratégico de inovação, de competitividade, em compasso com a sustentabilidade e tendências mundiais em prol da melhoria da qualidade de vida das pessoas. A reputação do Senai, instituição que incorpora sólidos valores e historicamente tem contribuído para o desenvolvimento nacional, é um indiscutível aval de qualidade.

JOICE JOPPERT LEAL

Diretora executiva da Associação Objeto Brasil, entidade responsável pela introdução e realização do Prêmio IDEA/ Brasil em parceria com a Apex-Brasil. Membro do ICSID (Internacional Council of Societies of Industrial Design) e da IDSA (Industrial Designers Society of America), integra o Comitê Internacional do evento World Design Capital Seoul 2010.

Atuou em atividades de promoção dos produtos brasileiros no Consulado Geral do Brasil, em Milão (1973), foi diretora executiva do Departamento de Tecnologia e Centro para Desenho Industrial da Fiesp (1980 a 1998) e Secretária Executiva da Comissão de Design ligada à Secretaria da Cultura do Estado de São Paulo (1980). Realizou a curadoria de diversas exposições nacionais e internacionais sobre design brasileiro. É autora do livro "Um Olhar sobre o Design Brasileiro", co-edição Objeto Brasil e Imprensa Oficial do Estado de São Paulo.

18

Unindo o futuro do Brasil ao Brasil do futuro

O BRASIL COMEÇA A DESPERTAR PARA O VERDADEIRO POTENCIAL DO DESIGN COMO UM DOS PRINCIPAIS AGENTES DE UMA NASCENTE ECONOMIA CRIATIVA.

O que é Design? Essa é uma pergunta para a qual muitos ainda buscam uma resposta única e específica. Considerando que não faltam definições à nossa disposição, parece que uma resposta realmente útil para representar o Design só será possível pela compreensão de seus benefícios.

Não é preciso muito para perceber que, de fato, o termo Design vem se espalhando de forma cada vez mais abrangente em nosso cotidiano, revelando-se de maneiras tão inusitadas e contradizendo tantos limites estabelecidos, que nos parece cada dia mais difícil contê-lo. Paul Rand, um dos maiores designers do século passado, chegou a afirmar certa vez que "design é tudo".

Em meio a um cenário aparentemente caótico como este, uma coisa é certa: as empresas e instituições mais bem-sucedidas no futuro serão aquelas que conseguirem extrair tudo o que as complexas ramificações do design tiverem a oferecer.

Sempre associado à vantagem competitiva, o Design integra medidas e planos econômicos oficiais de grandes nações, como Alemanha, Inglaterra, Japão e Itália, desde a década de 1940. No Brasil, apesar de contar com iniciativas desde a década de 1950, somente a década de 1990 é que marca a sua inserção no tecido econômico brasileiro, quando finalmente foi reconhecido pelo governo "como um dos mais importantes instrumentos para o aprimoramento dos bens aqui produzidos", através do PBD - Programa Brasileiro de Design (1995), programa este que nos últimos anos tem tido uma atuação muito aquém dos benefícios que pode trazer à economia nacional.

Na ABEDESIGN acreditamos que tudo acontece a seu tempo e o que o momento atual nos mostra é um setor cada vez mais maduro. Há 10, 15, 20 anos, tudo era muito incipiente. O mercado e o design não tinham, por exemplo, uma agenda de inovação de diferenciação e de valor agregado que olhasse o Design como ferramenta estratégica de negócios. Por consequência, isso não permeava também as intituições governamentais como acontece hoje. Atualmente já existe um entendimento mútuo de que o Design, efetivamente, é relevante para as organizações. Ou seja, a pergunta agora passa a ser outra: como articular uma agenda considerando todos os players envolvidos - escritórios de design, empresas, governo e, principalmente, agentes de fomento.

Para entender ainda melhor essa nova economia é importante que se compreenda que, em termos econômicos, a criatividade é um combustível renovável e cujo estoque aumenta com o uso. Além disso, a "concorrência" entre agentes criativos, em vez de saturar o mercado, atrai e estimula a atuação de novos produtores. Inserido nesse ambiente, o financiamento parece ser ainda hoje um dos maiores obstáculos para impulsionar o setor no Brasil. Um dos motivos é que os empreendedores dessa nova economia têm pouca ou nenhuma garantia física para oferecer aos bancos, o que dificulta a obtenção de financiamento, afinal, seus maiores ativos são intangíveis. O Design, por sua vez, também proporciona valores intangíveis, mas essa intangibilidade vem acompanhada quase sempre de algo muito tangível, o resultado financeiro. Medir essa intangibilidade ainda é um desafio para o mercado brasileiro. No mercado mundial, segundo dados da BrandFinance, 66% do valor de grandes empresas são intangíveis, sendo que no Brasil não ultrapassa 45% e esses dados certamente refletem o baixo investimento nestes ativos. É por isso, por exemplo, que exportamos minério de ferro para a China e compramos deles os trilhos de trem.

Com isso, o que temos pela frente é um grande desafio: garantir que o Design consiga cumprir seu papel de agregar valor aos produtos e serviços brasileiros com fins efetivamente lucrativos para todos os envolvidos. Muitas são nossas iniciativas na ABEDESIGN nesta direção. Apenas para citar um exemplo, um mercado promissor para os escritórios de design é, sem dúvida, o das MPEs (Micro e Pequenas Empresas) que representam hoje, segundo o BNDES, 97% dos negócios brasileiros. Se o design se tornar acessível a apenas 5% dessas empresas, serão mais ou menos 280 mil novas empresas demandando design, melhorando sua competitividade, aumentando seu faturamento e gerando novos empregos, o que certamente fomentaria um novo ciclo virtuoso para a economia nacional. Mas o problema não para por aí. Em paralelo a isso tudo temos que pensar também na qualificação dos escritórios de design. Se fizermos uma analogia com o corpo, nossa cabeça está gigante, cheia de competências técnicas, mas o corpo magro, com poucas competências gerenciais e estratégicas. Nós, na ABEDESIGN, trabalhamos no sentido de buscar apoio na promoção do acesso às fontes de financiamento que nos ajudem a balancear esses dois aspectos.

Em 2009, muitas foram nossas conquistas. Durante a última Brazil Design Week anunciamos, junto com o BNDES, a aplicação dos benefícios do Cartão BNDES para serviços de Design e Inovação. Funcionando como uma espécie de cartão de crédito, o financiamento permite que empresários comprem insumos e equipamentos para ampliar seus negócios e agora também Design. A ABEDESIGN ajudará o Banco a definir os critérios de credenciamento das empresas do setor dando o aval da entidade para transmitir confiança de que as empresas cadastradas são realmente sérias. O ano de 2010 já começou e com isso novos anúncios estão por vir.

Nós estamos fazendo a nossa parte, mas é preciso que também o governo reconheça definitivamente o potencial e a capacidade que a produção criativa brasileira tem para projetar uma nova imagem do país, tanto interna como externamente. Afinal, para nós, o futuro do Brasil ainda depende e muito da capacidade que teremos de construir o Brasil do Futuro.

GIAN FRANCO ROCCHICCIOLI

Formado em publicidade pela FIAM/SP, ingressou no mundo do design na D. Designers (Hugo Kovadloff, Milton Cipis e Claudio Novaes) em 1990. Em 1999 fundou o Dreamaker Brand & Design. Ao longo destes anos, além de diversos projetos de identidade corporativa, arquitetura de marca e design, liderou o processo de desenvolvimento e gestão de empresa. É atualmente CEO da Sart Dreamaker e atua como especialista em estratégia, criação e gestão de marcas. Além da Sart Dreamaker é Diretor de Promoção Comercial da ABEDESIGN (Associação Brasileira das Empresas de Design) e Coordenador Geral da Brazil Design Week, considerado hoje um dos maiores eventos de design do mercado brasileiro.

Estratégias de design e o "efeito dominó" dos benefícios ambientais

A SUSTENTABILIDADE DE UM PRODUTO NÃO PODE SER COMPRADA. SUSTENTABILIDADE EM UM PRODUTO É A NECESSIDADE DE INTEGRAR NELE VALORES AMBIENTAIS, SOCIAIS E ECONÔMICOS.

Hoje mais do que nunca, a questão ambiental tem sido o foco das campanhas publicitárias orientadas à venda de produtos ecológicos. Carros, celulares, eletrodomésticos, roupas, móveis e muito mais de repente se tornaram produtos "verdes". Além disso, a proliferação de rótulos ambientais e certificações (em alguns casos "faça você mesmo"), cuja tarefa é dar alguma "garantia" quanto à compra de produtos ecologicamente corretos, corre o risco de criar mais confusão do que informação para o consumidor final.

A sustentabilidade de um produto não pode ser medida, pesada, tocada ou cheirada. A sustentabilidade de um produto não pode ser comprada. Sustentabilidade em um produto é a necessidade de integrar nele valores ambientais, sociais e econômicos.

Por isso, é necessário criar um diálogo entre empresa, produto e consumidor. Os aspectos sustentáveis presentes em um produto precisam ser comunicados. O consumidor também deve ser responsável por sua própria decisão de compra. O consumidor deve ser "informado" e "formado". Ao consumidor devem ser dadas as condições para que saiba ele próprio reconhecer, comparar e escolher também os valores socioambientais de um produto.

→ Menor consumo de energia no processo de produção;
→ Menor consumo de energia durante o uso;
→ Utilização de materiais de fontes renováveis;
→ Utilização de material reciclado;
→ Utilização de materiais de reuso;
→ Redução das emissões de CO_2;
→ Menor consumo de água e outros.

Existe a necessidade de saber porquê um produto é sustentável.

Mas como seria possível? Um exemplo é a mostra "Design Italiano para a Sustentabilidade" (8 outubro - 6 novembro, 2011, Museu da Casa Brasileira), que apresenta por meio de ícones criados "ad hoc", os aspectos de sustentabilidade ambiental de um produto. O ícone é aqui meio de comunicação simples e direto para transmitir aos consumidores os benefícios ambientais do produto ao longo de seu ciclo de vida: seleção de materiais, produção, distribuição, embalagem, uso e descarte final.

É oportuno evidenciar que, dos ícones criados para a mostra, foi dedicada particular atenção aos aspectos de energia e de emissão de CO_2, uma vez que estão se definindo em nível internacional as regras, estratégias e instrumentos para reduzir as emissões de carbono das empresas e de novos produtos. Essa estratégia, chamada de "carbon footprint", é a medida do impacto que as atividades humanas exercem sobre o meio ambiente de forma a quantificar a produção de gases de efeito estufa, medidos em unidades de dióxido de carbono (quantidade de CO_2).

Sobretudo para pequenas e médias empresas é importante começar a realizar iniciativas para avaliação do seu ciclo de vida, para:

→ Aumentar a competitividade perante o mercado internacional;

→ Obter benefícios ambientais e econômicos por meio de intervenções voltadas ao processo produtivo;

→ Qualificar seu produto ou serviço em termos de sustentabilidade socioambiental;

→ Comunicar aos consumidores o impacto ambiental do produto não como um aspecto negativo, mas de transparência e confiança.

Além disso, as empresas devem começar a avaliar o impacto ambiental e social do ciclo de vida de seus produtos e comunicá--los por meio de fácil leitura (ícones e / ou etiquetas) para o consumidor. Somente desta forma, o consumidor será conscientizado sobre suas responsabilidades e passará a adquirir confiança nos produtos e empresas.

Muitas pequenas, médias e grandes empresas veem no design sustentável uma solução para a concepção de novos de produtos. Tanto produtos que custam uns poucos euros, quanto produtos que custam milhares de euros. Produtos nos quais o design é o resultado de um percurso caracterizado por escolhas responsáveis de materiais, tecnologias e funcionalidade. Produtos que permitem conciliar necessidades ecológicas e econômicas. Outras empresas visualizaram na sustentabilidade apenas um novo canal de vendas e, portanto, a oportunidade de criar produtos para um segmento de mercado específico. Não basta vender um produto acompanhado pelo termo "eco" sem intervenções significativas de melhoria pela ótica da sustentabilidade: as regras e regulamentações internacionais estão definindo cada vez mais as características ambientais dos produtos mais qualificados. Este é um caminho que deve ser percorrido antes que seja tarde demais.

MARCO CAPELLINI

Arquiteto e designer industrial pelo Politécnico de Milão. Docente da cadeira de desenho industrial da Universidade Sapienza de Roma e Universidade de Ascoli (coordenador do 1º curso Máster de Ecodesign). Consultor do Ministério das Atividades Produtivas e do Observatório Nacional de Resíduos, nas principais temáticas ambientais. Sócio proprietário da CAPELLINI | design & consulting um dos primeiros estúdios profissionais de Design Ambiental de produtos e serviços em ECODESIGN. Em 2002 criou a Matrec (MATerial RECycling), o primeiro banco de dados italiano de materiais e produtos reciclados.

ADRIANA GAGLIOTTI FORTUNATO

Consultora de sustentabilidade e projetos especiais. Cursou arquitetura pela Faculdade de Arquitetura e Urbanismo Brás Cubas, é formada em Science of Natural Health Clayton College of Alabama / Master in Science of Natural Health Clayton College of Alabama. Marketing College for Distributive Trades- The London Institute Public Relations College for Distributive Trades-The London Institute. Colaboradora da Università Degli Studi Di Siena (UNISI). Consultora do projeto de colaboração Brasil-Italia Universiità degli studi di Siena UNISI. Idealizadora e curadora dos projetos: Brasil Itália Dialogo Sustentável, MISP Milão e São Paulo e Net&work to go Green.

ововете
Criatividade e inovação no âmbito do design

AINDA QUE A CRIATIVIDADE SEJA PRATICADA DIARIAMENTE, PASSAR PARA A FASE DA INOVAÇÃO EXIGE NOVAS POSTURAS QUE ESTÃO RELACIONADAS COM A IMPLANTAÇÃO DA CRIATIVIDADE.

Criar e inovar são duas palavras que deveriam estar no cerne da atuação do designer. Mas nem sempre é possível conjugar estes verbos com facilidade no dia a dia do ofício, seja pelas limitações do próprio encargo, seja pela qualificação profissional ou pela simples falta de sensibilidade para entender sua intenção perante os desafios criativos. Ainda que a criatividade seja praticada diariamente, passar para a fase da inovação exige novas posturas que estão relacionadas com a implantação da criatividade.

É necessário então entender o significado dessas duas palavras e sua implicação no próprio design. Várias são as definições que mostram o seu significado, segundo GOMES, *"Criatividade é o conjunto de fatores e processos, atitudes e comportamentos que estão presentes no desenvolvimento do pensamento produtivo"*. SIQUEIRA comenta que *"ser criativo é ter a habilidade de gerar ideias originais e úteis e solucionar os problemas do dia a dia. É olhar para as mesmas coisas como todo mundo, mas ver e pensar algo diferente"*. Já inovação, segundo ARANTES, *"é o ato de introduzir novidade, de fazer de um jeito diferente algo que já existe"*. Nessas definições percebem-se duas posturas bem diferentes: a criatividade é basicamente um ato do pensar, enquanto a inovação representa a atitude do fazer acontecer o que foi pensado. Esta última é a fase mais difícil.

O processo inicial criativo faz parte da metodologia projetual na qual o design se insere para chegar a uma solução para o problema colocado inicialmente. Mas o ato criativo exige do designer uma capacidade mental que vai além do próprio método, já que a criatividade passa por posturas subjetivas que o método teórico não consegue absorver na sua plenitude. Não é seguindo uma série de atividades ditadas pela "lógica" do método que a criatividade vai ser percebida. É necessário ter uma característica que nasce da própria condição humana, uma constante vigília do acontecer, um saber contemplar e observar o cotidiano com outros olhares, com uma espécie de assepsia mental, sem preconceitos, que permita compreender seu papel na e para a sociedade. O designer é essencialmente um tradutor das necessidades da sociedade.

Essa condição comparece a partir da observação; desenhada, medida e escrita na cidade onde moramos e no que acontece nela, para, desta maneira, pelo ato, se apresentar e ser percebida.

A observação – ato da natureza artística – ao se situar na origem da forma e da imagem não se opõe nem se contradiz com a formação técnica, já que como ato criativo posiciona-se como um meio, tornando-se concreta na obra.

O design é necessariamente inovação. A observação tem a capacidade de descobrir a ordem da realidade, uma ordem que estabelece coerência entre o espaço e o ato. Ordem que num futuro seja capaz de estabelecer uma nova ordem. Não devem ser ordens estabelecidas, pois assim seria uma cópia.

Quando enfrentamos uma situação na qual o design pode interferir, tradicionalmente pensamos em resolver algo que já existe, e imediatamente damos um nome a esse algo. Não perguntamos a razão de ser daquilo que já existe e tem nome. Temos que ver além do simples objeto e da imagem mental fixa que nos leva a nomeá-lo com a palavra, temos que ver os objetos cotidianos como objetos de conhecimento, inseridos num contexto de espaço e tempo. O objeto real do conhecimento não é o objeto em si, mas o conjunto que compreende o objeto e seu contexto.

Nós, os designers, problematizamos a relação entre a forma e seu contexto, isto é, vemos um problema a resolver na integração da forma de um objeto ao seu contexto. Essa relação não pode resolver-se automaticamente, requer conhecimento.

O objeto do conhecimento do design é precisamente essa relação. Observar é desentranhar e determinar as causas da ordem dessas relações.

O designer é um «problematizador» por excelência, procura uma situação conflitante que o induz à curiosidade epistemológica e o faz por meio da informação e da observação. Em outras palavras, o designer é capaz de observar a relação objeto/contexto inserindo-se e apoderando-se dele. De outra maneira não há conhecimento e por consequência não há design nem criatividade e muito menos inovação.

Design é a capacidade de observar o acontecer humano e traduzir essa observação – dos atos poéticos em soluções.

É essencial a presença de uma mente aguçada e capaz de observar detidamente para ir além das aparências, e de adestrar a capacidade de observação para estar constantemente alerta, à espreita do inesperado e habituar-se a examinar o que nos apresenta – um presente.

A casualidade se limita a oferecer uma oportunidade que a mente preparada reconhece e interpreta. Assim sendo, a essência da mente preparada será sua capacidade para ver o significado de uma observação aparentemente trivial e mundana.

A observação nasce num estado de nudez, um estado de vigília que mantenha o sujeito numa assepsia ideológica, de virgindade intelectual, para que não predetermine nada e gere seus próprios valores individuais, únicos e "irrepetíveis", desenvolvendo uma reflexão sem ordem preconcebida. Partindo de cada experiência, o indivíduo vai gerando novos valores, os quais supostamente terá que abandonar ao iniciar a observação seguinte, de forma a aumentar a liberdade que lhe é própria.

É fundamental que os designers e estudantes de design conheçam a vida na cidade, o âmbito do seu problema, o ato que acontece nela. Os bons designers são aqueles que sabem ler a vida, sabem construir o rosto que tem o espaço. Tratam-se dos atos dos habitantes deste espaço e somente assim dar-lhes-ão forma espacial e objetal.

Mas essa leitura da vida precisa forçosamente de uma interpretação, mais do que da simples observação, que é uma explicação hermenêutica, própria da linguagem filosófica. Este tipo de proposta não tem sido colocado de forma sistemática no ensino do design, e seria um aporte original se as universidades abordassem esta problemática a partir da hermenêutica, raiz mais profunda da ideia da pura observação.

Em contraposição às outras teorias do design, a teoria comunicativa do produto e da imagem tem como base um procedimento hermenêutico. A aplicação resulta da compreensão e interpretação na teoria e na prática. Isolar, descrever e caracterizar os atos insertos num contexto determinado pode ser uma das tarefas que a observação terá que desenvolver no futuro, partindo da ciência dos atos e das ações – a praxeologia. Ela estuda os métodos de interferência utilizados na atividade humana e define as características gerais desse processo: fins, métodos, atos, planejamentos, eficiências, rendimentos etc.

"Se não conheces o passado, não terás futuro. Se não sabes onde tua gente tem estado, não saberás para onde vais".

Forrest Carter

Para o design, a poesia pode ser a raiz, o centro e a origem do conceito, mas também pode ser a flor, o excêntrico, a culminação e a coroação da obra. O design é poesia quando surge um processo verbal que descreve o conhecimento emocional, recreação dos atos, aqueles aspectos da realidade até certo ponto ignorados e desconhecidos.

A expressão de uma emoção ou de uma experiência poética, ambas subordinadas a um elevado grau de excitação, são produtos, na maioria dos casos, de um estímulo proveniente da observação. O conhecimento poético é o conhecimento emocional, o conhecimento ao qual se acede através da emoção. No poema é conservação, transmissibilidade desse conhecimento.

Se a capacidade criativa se dá pela qualidade da observação, a inovação dar-se-á pela capacidade empreendedora, da transformação da ideia em um produto ou serviço. Nesta última fase há um fator de risco e de incerteza embutido, mas, pela gestão do processo criativo, âmbito do Gestor de Design, a solução será adequada ao problema estabelecido.

A inovação não pode ser só de responsabilidade do designer, é da organização empresarial, é da equipe e da sua gestão. A inovação para uma empresa é uma questão de sobrevivência e tem por objetivo último gerar lucros, assegurar a continuidade do negócio e se diferenciar no mercado.

CONCLUSÃO

A criatividade é uma condição própria do ser humano. Em níveis diferentes todos são criativos, basta perceber o potencial e dirigi-lo para os resultados definidos no encargo. O designer foi ensinado e tem a capacidade de ser criativo, mas na organização não é suficiente ser criativo, é preciso um gestor que tenha a cultura organizacional e de design para coordenar essa criatividade em prol do sucesso do negócio. Essa capacidade de gestão resulta em inovação.

Mas as empresas, em especial as pequenas e médias precisam acordar para os novos desafios do mercado, em especial a concorrência externa. Não é pelo preço que as empresas vão competir e ganhar mercado, em especial o brasileiro, mas devem sim brigar pela qualidade e design que traz o diferencial e a própria inovação. A prática da inovação começa com atitudes gerenciais e vontade de assumir riscos, pela clara definição do problema (briefing, geralmente mal definido) e pela Gestão do Design que tem a capacidade de permitir que a criatividade e gerenciamento do processo andem juntos, e com certeza as empresas de qualquer porte, irão perceber que poderão competir no mercado com soluções absolutamente diferenciadas, obtendo o lucro almejado.

Se você então anseia pela inovação, rompa com velhos pensamentos e busque a (R)evolução de seus conceitos e paradigmas. E a despeito do que ainda é naturalmente estabelecido, tenha uma boa atitude antinatural.

BIBLIOGRAFIA

BENETTI, Paulo C. A. **Mitodologia - pessoas e empresas criativas e inovadoras. Por que não?** Edit. Qualimark. Rio de Janeiro, Rj. 2003.

CLAXTON, Guy, LUCAS, Bill. **Criative-se. Um guia prático para turbinar o se potencial criativo.** Trad. Cecilia Bonamine. Editora Gente. São Paulo, 2005.

GOMES, Luiz Vidal Negreiros. **Criatividade: projeto, desenho, produto.** Edit. UFSM. Santa Maria - RS. 2000.

KELLEY, Tom. LITTMAN, Jonathan. **A arte da inovação**. Trad. Maria Claudia Lopes. Editora Futura. São Paulo - SP. 2001.

KELLEY, Tom. LITTMAN, Jonathan. **As 10 faces da inovação**. Trad. Alfonso Celso da Cunha Serra. Editora Elsevier. Rio de janeiro - RJ. 2007.

MONTEIRO JUNIOR, João G.. **Criatividade e inovação**. São Paulo, Sp: Pearson Prentice Hall, 2011. 140 p.

OSTROWER, Fayga. **Criatividade e processos de criação**. Edit. Vozes. Petrópolis - RJ. 1999.

PETROSKI, Henry. **Inovação, da idéia ao produto**. Trad. Itiro Iida. Edit. Edgard Blücher, São Paulo: 2008.

SANTAELLA, Lucia. NÖTH, Winfried. **Imagem: cognição, semiótica, mídia**. Edit. Iluminuras Ltda. São Paulo - SP. 1999.

SANTAELLA, Lucia. **O que é semiótica**. Edit. Brasiliense. Coleção Primeiros Passos. São Paulo - SP. 2007.

SANTAELLA, Lucia. **Semiótica aplicada**. Edit. Thomson. São Paulo, 2007.

SIQUEIRA, Jairo. **Criatividade e inovação**. http://criatividadeaplicada.com/2007/01/24/criatividade-e-inovao/. Acessado em 14/02/2011.

ARANTES, Devanir. **Seja criativo e inovador**. http://www.fenixeditorabrasil.com/artigos/seja%20criativo.pdf. Acessado em 14/02/2011.

" **LUIS EMILIANO COSTA AVENDAÑO**

Graduado em Desenho Industrial pela Pontifícia Universidad Católica de Valparaiso - Chile, Mestre pela Faculdade de Arquitetura e Urbanismo - FAU/USP, professor de graduação do Centro Universitário Belas Artes, Faculdades Oswaldo Cruz - FAITER e Universidade Bandeirantes, professor de pós-graduação dos curso de Gestão do Design (Belas Artes) e Gestão em Light Design (SENAI), membro fundador da Associação dos Designers de Produto - ADP. Consultor de Design.

Design e cultura ou a (des)cultura do design

DESIGN ESTÁ EM TUDO QUE NOS RODEIA,
DESDE QUE ACORDAMOS ATÉ QUANDO
ADORMECEMOS. NINGUÉM VIVE SEPARADO
DO DESIGN. O NOSSO COTIDIANO É FEITO
E PERMEADO DE DESIGN.

Ao ler "design e cultura", à sua mente, que pensamento vem?

Minha experiência me mostra que ainda se confunde bastante design com glamour, sofisticação e, quem sabe, com o desnecessário, o inútil.

Mas design no seu sentido mais intrínseco é justamente o contrário disso, design é simples, básico e completamente necessário. Design está em tudo que nos rodeia, desde que acordamos até quando adormecemos. Ninguém vive separado do design. O nosso cotidiano é feito e permeado de design. Design, design, design.

Mas e cultura? O tema cultura tem a mesma importância que o tema design. Um não existe sem o outro. Não há designer inculto. O inculto não será designer, porque ele não terá ferramentas essenciais para desempenhar e desenvolver seu trabalho. A cultura é o alimento do designer. E design é, por sua vez, cultura.

Fico constantemente abismada ao constatar que pouquíssimos dos nossos intelectuais têm ideia da abrangência do design. Ao listar áreas culturais, serão certamente mencionadas a literatura, as artes visuais, o cinema, o teatro e talvez alguma outra expressão como HQ (História em Quadrinhos), quem sabe?

Outro aspecto que me chama a atenção é o foco usado pela mídia muitas vezes distorcido. Se quisermos ler sobre design nos jornais diários ou em revistas semanais, será quase impossível achar algum artigo, reportagem ou matéria fora das páginas e cadernos de decoração ou moda. Muito raramente aparece alguma referência na parte de economia. Impressiona-me que hoje, século XXI, quando estamos imersos num cotidiano permeado de design, não seja dado ao assunto o seu devido valor.

CULTURA E DESIGN ANDAM DE MÃOS DADAS. DANÇAM JUNTOS. SÃO INTERLOCUTORES, PORTANTO, INDISSOCIÁVEIS. FAZER DESIGN É SE ENVOLVER COM AS DIFERENTES ETAPAS DO PROCESSO, (INÍCIO, MEIO E FIM), COMEÇANDO PELAS PONTAS.

Mas não é assim em outros países e não tem que ser aqui. O meu principal argumento é que se cada um de nós tiver um pensamento humanitário, naturalmente se lembrará do design voltado à medicina, o design voltado às necessidades e carências essenciais, ao meio ambiente, etc. Não se pode desligar uma área de sua cultura original. Um exemplo claro é o da medicina chinesa, ligada à cultura e à filosofia da China.

Kenji Ekuan, um dos mais respeitados designers japoneses, criador da célebre garrafinha do molho de *shoyu* que todos conhecemos, é um estudioso do budismo. É interessante observar isso com mais profundidade, pois pode parecer um paradoxo. Afinal, o budismo é principalmente uma filosofia de vida em que a matéria é consequência de uma série de ações imateriais. Bem, mas Kenji respeita os produtos como se vivos fossem. Não por sua aparência ou pelo possível luxo, mas pelo que está neles embutido: o processo. Em respeito ao conhecimento e à bagagem que cada componente desse longo e delicado processo possui. Desde o homem rural até o consumidor final, que elege e adquire

UM DESIGNER ENVOLVIDO SERIAMENTE COM SEU OFÍCIO TEM INTERESSE EM ÁREAS DIFERENTES DO REPERTÓRIO CULTURAL, AMBIENTAL E SOCIAL PORQUE SE O SEU PROJETO ESTIVER BEM INSERIDO NA COMUNIDADE, SIGNIFICA QUE HÁ DIÁLOGO E INTERAÇÃO ENTRE ELE E O USUÁRIO.

algo relacionado com a cultura que o rodeia.

Cultura e design andam de mãos dadas. Dançam juntos. São interlocutores, portanto, indissociáveis. Fazer design é se envolver com as diferentes etapas do processo, (início, meio e fim), começando pelas pontas. Falando simplesmente: numa ponta está aquele que investe ou produz e na outra ponta aquele que adquire o resultado final. Mas essa, como todas as linhas, é composta de pontinhos, todos básicos para a sua formação.

Um designer envolvido seriamente com seu ofício tem interesse em áreas diferentes do repertório cultural, ambiental e social porque se o seu projeto estiver bem inserido na comunidade, significa que há diálogo e interação entre ele e o usuário.

Sendo assim, quem faz design faz parte de uma sociedade tanto quanto quem faz economia, medicina ou jornalismo. É um integrante de uma determinada cultura ou grupo de pessoas e ocupa um lugar de importância igual, nem maior, nem menor. Nem acima, nem abaixo. Mas, ao lado. Junto.

Pensar design é participar e formar comunidades mais receptivas, adequadas e equilibradas. Por isso, nós designers, temos interesse especial que a comunidade em que estamos saiba o que é design no seu sentido mais amplo. Que quando todos pensarmos design *(design thinking)*, entendermos suas inúmeras possibilidades (design de serviços, por exemplo) e olharmos para as necessidades básicas das pessoas (idosos, deficientes, crianças, carentes, adictos) teremos uma sociedade bem mais humana e bem mais inteligente.

RENATA RUBIM

É designer de superfícies e consultora de cores. Colabora com a difusão do design em projetos industriais e educativos. Em palestras e workshops pelo Brasil e América Latina compartilha conhecimento adquirido ao frequentar a Rhode Island School of Design, Providence, USA, com bolsa Fulbright. Escreveu "Desenhando a Superfície", Ed. Rosari, SP, primeiro no Brasil sobre o tema. Seu escritório (www.renatarubim.com.br) atende a clientes de diferentes segmentos. Recebeu os prêmios Bornancini 2008 e Idea/Brasil 2009, com parcerias. Participou da Bienal Brasileira de Design 2010 e da Cowparade Porto Alegre.

O design no universo das micro e pequenas empresas

EMPREENDER POR NECESSIDADE É UMA DAS PRINCIPAIS RAZÕES QUE LEVAM AS PESSOAS A SE AVENTURAR NO MUNDO DOS NEGÓCIOS.

AS MICRO E PEQUENAS EMPRESAS E SEUS DESAFIOS

O universo das micro e pequenas empresas no Brasil é bastante diversificado, possibilita um grande número de oportunidades a novos empresários e ocupa um lugar de destaque na economia do país. Ocorre, porém, que esse universo é fragilizado em decorrência das razões que levam as pessoas a empreenderem, fato determinante para o sucesso dos negócios.

Empreender por necessidade é uma das principais razões que levam as pessoas a se aventurar no mundo dos negócios e isso, com algumas exceções, pode resultar em empresas sem capital compatível com o porte do negócio, sem planejamento estratégico que direcione a competitividade dos empreendimentos e sem o devido preparo de seus proprietários, o que acarreta a morte prematura dos empreendimentos.

O cenário exposto acima é real, mas atualmente segue uma tendência positiva de reversão gradativa, com a mudança de postura de empresários frente à grande oferta no mercado de produtos e serviços específicos para torná-los aptos a enfrentar as exigências de um mercado composto por consumidores exigentes e conscientes de seus direitos.

No papel de apoio a estes empresários está o SEBRAE que, com um corpo técnico especializado, disponibiliza produtos e serviços com o intuito de ampliar o potencial de competitividade das MPEs (micro e pequenas empresas), colaborando para que seus proprietários se tornem profissionais capacitados e aptos a atuarem no mercado mundial, exigente e volátil, uma vez que devemos considerar as mudanças constantes no comportamento do consumidor.

Competitividade para a MPE, em um mundo globalizado, requer empenho do empresário no que tange à sua capacitação em gestão de negócios, em desenvolver um olhar crítico às oportunidades e em observar atentamente as tendências de consumo.

Porém, mais do que empenho, esse empresário necessita criar um diferencial competitivo que identifique sua empresa como inovadora, criativa e ousada, disponibilizando produtos e serviços necessários e adequados às exigências do mercado e que chamem a atenção do consumidor frente à oferta de produtos e serviços inovadores, normalmente advindos das médias e grandes empresas.

Os empresários de micro e pequenas empresas, sejam eles dos setores de comércio, indústria, serviços ou agronegócios, ao optarem por implementar estratégias de competitividade para seus negócios, devem considerar um grande número de variantes inerentes ao processo. Planejamento, viabilidade, custos, recursos humanos, inovação tecnológica, questões ambientais, questões sociais, criatividade são algumas destas variáveis. Compondo esse quadro, o design deve integrar esta lista em função de sua crescente importância na relação entre produtos/serviços e o mercado, atuando como uma ferramenta de gestão de negócios.

O design deixa de ser percebido apenas como uma intervenção estética e pontual, passando então a assumir a tarefa de lançar olhares atentos para o futuro, mapear tendências, propor o melhor aproveitamento de insumos, propor melhorias nos processos de planejamento e produção, além de propor um diálogo aberto com o consumidor, entendendo as suas necessidades e transformando-as em produtos e serviços desejados e esperados.

O DESIGN COMO UM PROCESSO DE GESTÃO

"Em inglês, a palavra design funciona como substantivo e também como verbo (circunstância que caracteriza muito bem o espírito da língua inglesa). Como substantivo significa, entre outras coisas, 'propósito', 'plano', 'intenção', 'meta', 'esquema maligno', 'conspiração', 'forma', 'estrutura básica', e todos esses outros significados estão relacionados à 'astúcia' e a 'fraude'. Na situação de verbo - to design - significa, entre outras coisas, 'tramar algo', 'simular', 'projetar', 'esquematizar', 'configurar', 'proceder de modo estratégico'".[1]

Trabalhar com o conceito de que design refere-se ao processo projetual do produto ou serviço e que, por conta disso, pode se configurar como uma importante ferramenta de gestão causa resistência e certo estranhamento frente à grande maioria dos

---

1. FLUSSER, Vilém, 2008

empresários de micro e pequenas empresas. Por hábito, esses profissionais observam o design como algo supérfluo, de aparência e financeiramente inviável devido à percepção de altos custos de investimento, portanto longe de suas possibilidades de contratação para a inserção no processo produtivo das empresas.

O design, ao ser observado com elevado grau de preconceito por parte dos empresários e entendido simplesmente como uma intervenção cara e pontual, perde o seu valor conceitual, não desempenhando o efetivo papel de agente transformador de processos criativos e processos de produção.

Ao entrar no final do ciclo de produção de um produto ou serviço, com uma atuação específica e pontual, o design deixa de contribuir positivamente ao longo do processo projetual, uma vez que não há a presença de um profissional (designer) que se propõe a interagir com as diversas áreas de importante impacto neste processo, tais como os estudos de tendência, criação, pesquisa & desenvolvimento, viabilidade, responsabilidade ambiental e social, produção, logística, marketing e comercialização.

Para que, de fato, o design possa desempenhar o papel de ferramenta de gestão estratégica nos processos produtivos das micro e pequenas empresas, há a necessidade de um trabalho de sensibilização e convencimento da classe empresarial. O que se propõe é uma mudança de valores e de percepções à dinâmica do mercado por parte dos empresários, de entidades que incentivam a competitividade, de entidades de apoio à inovação, pelo governo por meio de políticas públicas municipais, estaduais e federais e demais atores que compõem o universo de fomento às MPEs.

Trata-se de um movimento comum a todos os envolvidos, no qual cada ator passa a ter sua parcela de responsabilidade, tendo como base o desenvolvimento de conhecimentos específicos que possam ser amplificados, agrupados e transformados de forma cocriativa em benefício das MPEs.

O papel dos empresários de MPEs na economia nacional tem importante relevância frente às possibilidades de desenvolvimento de produtos e serviços inovadores, criativos e diferenciados, exigências de um público consumidor não mais centrado em uma localidade específica, mas diluído nos cinco continentes, acessados pela interatividade mundial e pela visibilidade proporcionada pela globalização. Por outro lado, a ampliação do potencial de escoamento da produção depende de produtos produzidos localmente com apelo de consumo mundial.

O design deve passar a ser percebido pelo mundo corporativo como fator determinante na nova concepção de comunicação de valores, de identidade e até mesmo de usos e costumes. O sob demanda, a peça exclusiva produzida conforme a identificação, a necessidade e a vontade de consumidores, tem hoje maior valor de mercado e, portanto, deve ser prioridade em uma estratégia empresarial.

"Em mercados cada vez mais competitivos, vence quem consegue gerar uma identificação profunda entre o produto e seu usuário; e uma marca torna-se especialmente forte quando se confunde com a própria identidade e história do sujeito consumidor." [2]

---

2. DENIS, 2008

O FOCO VOLTA-SE PARA O CONSUMIDOR

A mudança deve começar com o redirecionamento do foco estratégico das empresas. Ao focar o consumidor, as MPEs passam a ter respostas reais de mercado, mais ágeis e atualizadas para sua produção, o que acarreta produtos projetados de acordo com as tendências de consumo.

É fato termos hoje oferta de produtos e serviços no mercado que se confundem com *commodities*, ou seja, produtos e serviços cada vez mais parecidos, que apresentam características semelhantes, que desempenham as mesmas funções e que se assemelham até mesmo com os custos de produção e valores de venda.

A concorrência acirrada confunde o consumidor que não tem subsídios para escolher um produto em detrimento de outro e, dessa forma, o ato da compra se concretiza não por convicção do comprador na escolha do produto, mas sim pela disponibilidade, pela ocasião, por questões econômicas e até mesmo por questões ligadas ao desinteresse de escolha.

Ao observarmos o consumidor, teremos à nossa disposição sinais emitidos com frequência sobre seus anseios, suas necessidades, seus interesses de consumo. A diversidade de perfis de consumidores é grande e será preciso preparar-se para entender os seus comportamentos para que possamos decifrá-los e transformá-los em produtos e serviços que atendam à sua demanda.

Não caberá ao empresário a tarefa de decifrar sozinho esses códigos, porém caberá a ele a tarefa de criar um ambiente favorável em sua empresa que possibilite a inserção de ações inovadoras, criativas e inusitadas, favorecendo o processo projetual de seus produtos e serviços e colocando no mercado não mais um simples produto, mas um produto agregado de valores que são caros ao consumidor.

A transversalidade do design nos processos projetuais de produtos e serviços amplifica o potencial analítico das diversas áreas envolvidas, facilitando o processo criativo e a interpretação dos sinais de consumo enviados pelos consumidores globais. O design permeia todo o processo de P&D (Pesquisa & Desenvolvimento), com proposta de foco no consumidor, desenhando novas estratégias para as análises do consumo atual, do consumo latente e as oportunidades futuras de consumo[3], analisando e propondo adequações com foco nos interesses sociais e ambientais, promovendo a reavaliação dos custos, bem como o melhor aproveitamento de insumos.

Tal prática possibilita um melhor diálogo entre produto e serviço com o público consumidor por meio da utilização de novas tecnologias, de inovação, de criatividade e de acessibilidade, com distribuição adequada e inteligente.

Note que estamos falando de gestão, de produção, de sustentabilidade, de finanças, de marketing e de logística, setores distintos que podem e devem dialogar abertamente entre si, tendo no design o ponto de encontro de ideias e soluções.

O mundo das mercadorias e dos produtos deverá cada vez mais se confrontar com um novo protagonista de mercado: o consumidor autor – aquele que possui a inovação no sangue e no

---

3. LOCKWOOD, Thomas ; WALTON, Thomas-2008

cérebro. Falar hoje de inovação significa dar ao design e à criatividade um papel que até pouco pertencia quase que exclusivamente à tecnologia e que assume uma importância central nas diferentes gerações[4].

O design, ao agregar aos produtos ou serviços de micro e pequenas empresas um diferencial competitivo, desenvolvido por uma estratégia de observação às demandas do mercado, amplia o poder de interação entre o produtor e o usuário. O consumidor, ao ter a percepção de que suas necessidades estão sendo observadas, atendidas e/ou superadas, passa a ter maior identificação com a empresa, criando um elo de confiança, de respeito e comprometimento.

Trata-se de um passo para a fidelização do cliente, porém isso só se dará caso as empresas se empenhem no desenvolvimento constante de produtos e serviços criativos e inovadores, que sejam facilmente atualizados e, acima de tudo, que essas empresas desenvolvam e mantenham canais de comunicação muito próximos do consumidor, transmitindo a eles os princípios e valores da empresa, fatores primordiais de identificação e respeito.

Com a consciência de ser o design uma ferramenta de gestão que pode atuar de forma estratégica para a competitividade das empresas, os empresários de micro e pequenas empresas passam a ter um alto grau de competência para análise de mercado e visão de futuro, podendo transformar uma tímida gestão empresarial em uma gestão de negócios inovadora e competitiva,

---

4. MORACE, Francesco - 2009

capaz de disputar espaço nos mais cobiçados mercados do mundo, concorrendo com produtos e serviços oriundos de diversas localidades do planeta e, ainda assim, ganhar a preferência de usuários.

Não se trata da simples interferência de um designer no processo projetual de um produto ou serviço que fará uma revolução inovadora e criativa em uma empresa. Como dito anteriormente, há a necessidade de uma mudança de postura profissional de empresários para que essa revolução se dê. Trata-se de um processo de desenvolvimento de produto ou serviço compartilhado entre os designers e profissionais com visão sistêmica, ou seja, profissionais que tenham conhecimento de todas as etapas de criação em função do conjunto. Um grupo interativo, comprometido e aberto ao novo e ao inusitado.

A importância da interação das competências inteligentes de todos os envolvidos (pesquisa, observação, criação, análise de pertinência, viabilidade projetual e financeira, estudos de marketing, estudos de compatibilidade com o portfólio, análise de material, melhores práticas, estudos de demanda, sustentabilidade, estudos de preço, estudos de mercado, logística de distribuição, entre outros) favorece o diálogo comum à elaboração de uma estratégia competitiva.

Cabe realçar que, em muitos casos, as MPEs não dispõem de uma equipe multidisciplinar para a elaboração de seus produtos e serviços. É quase uma constante encontrarmos empresas com um número reduzido de funcionários, sem um departamento de P&D e, até mesmo, sem equipes de planejamento e estudos de viabilidade para suas produções. Mesmo assim, é possível haver um diálogo entre as etapas pertencentes ao processo projetual, uma vez que deverá haver, ao menos, um responsável pelo desenvolvimento do portfólio da empresa que tenha uma visão ampla sobre as variantes necessárias à produção. Esse responsável deverá ser o elo entre os interesses dos consumidores, os interesses das empresas e o diálogo entre prestadores de serviços e terceirizados que atuarão na concepção da ideia do produto ou serviço e sua viabilidade.

CONCLUSÃO

A introdução do design como um componente da gestão de negócios não só amplia a competitividade das empresas em termos de visibilidade e compatibilidade com as exigências de mercado e consequente ampliação de venda, mas também provoca uma mudança comportamental brusca entre os responsáveis pelo desenvolvimento de produtos e serviços. A partir de então, as empresas passam de um ambiente organizacional tradicional e pouco capaz de observar o entorno de seu campo de atuação para um ambiente inovador, necessariamente descontraído e criativo, com informações fluindo livremente, criando novas oportunidades de relacionamentos corporativos. A interatividade neste novo ambiente é o ponto de conexão (hub) das mais diversas maneiras de incentivar o processo criativo.

Pensar diferente. Esta é a proposta de uma gestão que utiliza a ferramenta do design como orientação. Uma gestão voltada para a inovação e para a criatividade e, para pensar diferente, há a necessidade de se disponibilizar para o novo, para a descontração, para uma despojada forma de observação do comportamento humano, para a falta de compromisso com a ordenação das ideias, para a livre troca de percepções dos acontecimentos mundiais, para o navegar despojadamente entre as redes sociais, enfim, é transitar livremente no universo do imponderável, porém com o intuito de gerar energia positiva para a criação e desenvolvimento de produtos e serviços desejados e demandados por usuários exigentes, conscientes de seus direitos e deveres como cidadãos, interessados na satisfação de suas necessidades, com o propósito de bem viver, de desfrutar o melhor da vida, seja no simples ato de degustação de um café expresso tirado com a competência de um profissional especializado, seja na compra de um sofisticado produto tecnológico de interatividade mundial.

Credito aos empresários de micro e pequenas empresas a responsabilidade pela ousadia de provocar um novo modelo de negócio, fugindo do modelo tradicional estabelecido pelas grandes e médias empresas. Um modelo moderno, contemporâneo, que busque alternativas de comunicação com o público-alvo, que produza o produto ou serviços corretos e necessários, que viabilize uma distribuição eficiente e atenda às necessidades dos consumidores, bem como às próprias necessidades de lucratividade de suas empresas.

O conceito de design propõe a participação efetiva do usuário no processo criativo das empresas, criando um ambiente arejado e propício à inovação. Propõe ainda a formação de equipes motivadas e abertas à absorção de sinais advindos do comportamento humano, cujo resultado poderá ser observado como um diferencial competitivo, destacando produtos e serviços aptos a concorrer em condições de especial destaque em mercados de todo o mundo.

BIBLIOGRAFIA

DENIS, Rafael Cardoso. **Uma introdução à história do design.** São Paulo: Edgard Blücher, 2008.

FLUSSER, Vilém. **O mundo codificado: por uma filosofia do design e da comunicação.** São Paulo: Cosac Naify, 2008

LOCKWOOD, Thomas; WALTON, Tomas. **Building Design Strategy: using design to achieve key business objectives.** New York, Allworth Press, 2008

MORACE, Francesco. **Consumo Autoral – as gerações como empresas criativas.** São Paulo: Estação da Letras e Cores Editora Ltda, 2009

"ARY SCAPIN

Formado em Administração de Empresas com especialização em Marketing. Mestrando em Design pela Universidade Anhembi Morumbi.
Ocupa, atualmente, o cargo de coordenador da área de design do SEBRAE-SP. Atuou nesta mesma empresa, nas áreas de cultura e turismo. Aporta sua experiência em gestão de projetos, economia criativa, design, cultura e turismo, além de colaborar como professor convidado em diversas instituições de ensino.

60

Design em cerâmica

A CERÂMICA ESTÁ CADA VEZ MAIS PRESENTE EM NOSSO DIA A DIA, E HOJE AS EMPRESAS DESSE RAMO ESTÃO CADA VEZ MAIS EMPENHADAS NA BUSCA DE INOVAÇÕES EM SEUS PRODUTOS POR MEIO DO DESIGN.

A cerâmica é uma arte milenar, uma das artes mais antigas, e um dos primeiros materiais conhecidos pelo homem. No desenvolvimento das civilizações, a cerâmica sempre esteve presente: pesquisas arqueológicas evidenciam que desde a pré-história o homem já confeccionava peças de barro, criadas para suprir necessidades do cotidiano, como por exemplo o armazenamento e cozimento de alimentos.

A cerâmica está cada vez mais presente em nosso dia a dia, e hoje as empresas desse ramo estão cada vez mais empenhadas na busca de inovações em seus produtos por meio do design, alavancando o lançamento de produtos inéditos ou promovendo melhorias em suas características técnicas, funcionais e estéticas.

A terceirização das atividades de design no setor cerâmico era uma prática recorrente até alguns anos atrás, pois poucas empresas possuíam infraestrutura e equipes capacitadas e que utilizassem metodologias adequadas para o desenvolvimento de novos produtos. De acordo com a pesquisa "Gestão do design na Indústria Brasileira", realizada pela Confederação Nacional das Indústrias (CNI) em 1998, apenas 58% das empresas do setor cerâmico declararam que desenvolviam projetos de design internamente, e o setor foi apontado como o que mais terceirizava projetos de design, cerca de 42% das atividades.

A cerâmica pode ser dividida em diversos segmentos, como por exemplo produtos para construção civil: blocos, telhas, louça sanitária, revestimentos cerâmicos; peças utilitárias: louça de mesa e objetos de decoração; e produtos de alta tecnologia: componentes eletrônicos e próteses para implantes em seres humanos. Em todos esses segmentos citados, o design é uma ferramenta com imenso potencial de aplicação, e alguns desses setores (revesti-

HOJE PODEMOS ENXERGAR UM CENÁRIO MAIS OTIMISTA PARA O DESIGN NO SETOR CERÂMICO, DEVIDO AOS AVANÇOS TECNOLÓGICOS E ÀS FACILIDADES CONCEDIDAS POR INSTITUIÇÕES DE FOMENTO E FINANCIAMENTO.

mentos, louça de mesa e sanitária) já se beneficiam de seu uso, com o design de superfícies e nas formas dos produtos.

O design na cerâmica pode ser desenvolvido na indústria com produção em alta escala, mas também pode ser encontrado em produções limitadas, como no caso de alguns ateliês de cerâmica, que criam e desenvolvem produtos abordando metodologia de projeto de design. Neste último caso, leva-se em consideração a produção em pequena escala com produtos exclusivos e muitas vezes com design assinado. Nota-se neste contexto uma aproximação maior dos projetos de designer e artistas plásticos, o que diferencia o produto com um alto nível de valor agregado.

Hoje podemos enxergar um cenário mais otimista para o design no setor cerâmico, devido aos avanços tecnológicos e às facilidades concedidas por instituições de fomento e financiamento, incentivando ou investindo em pesquisas e desenvolvimento de novos produtos. A tecnologia de ponta, atrelada a pessoas capacitadas e bem informadas em relação às reais necessidades do consumidor, pode ser um caminho de sucesso para inovar no campo do design.

AS INOVAÇÕES IMPACTARAM TANTO NOS DIFERENTES TIPOS DE PADRONAGENS DIMENSIONAIS QUANTO NAS TEXTURAS E ESTAMPAS COM ALTA QUALIDADE DE IMPRESSÃO E DEFINIÇÃO.

Um exemplo da aplicação do design com apoio de tecnologia de ponta é a indústria de revestimento cerâmico, que de fato, em 2008, passou por uma "revolução digital". Foram feitos grandes investimentos em novas tecnologias associadas ao design, o que resultou em um significativo aumento de produtos lançados recentemente. As inovações impactaram tanto nos diferentes tipos de padronagens dimensionais quanto nas texturas e estampas com alta qualidade de impressão e definição, que substituíram as antigas telas serigráficas por impressoras a jato de tinta. Os novos produtos despertam cada vez mais os sentidos e os desejos das pessoas de adquiri-los.

A escola SENAI Mario Amato possui um núcleo de design e pode viabilizar estudos de design na área cerâmica. A escola também oferece o curso de Técnico em Cerâmica e cursos de formação continuada nas áreas de cerâmica artística: modelagem e tornearia em argila, decoração em cerâmica, formulação e aplicação de vidrados cerâmicos. Esses cursos são abrangentes, podendo contribuir muito no trabalho do designer, já que, dependendo do tipo de produto a ser desenvolvido, algumas características técnicas são predominantes de acordo com a função e o desempenho que o produto precisa cumprir. O designer precisa ter conhecimento das limitações e possibilidades do processo produtivo, para que, assim, ele possa desenvolver um projeto levando criatividade às características físicas e estéticas que o produto deve possuir. A escola também oferece prestação de serviços laboratoriais, assessorias técnicas e certificação de produtos.

FERNANDA MOREIRA

Bacharel em Desenho Industrial pela Faculdade de Desenho Industrial de Mauá. Cursando a pós-graduação Strictu Sensu em Design da FAU-USP. Professora do núcleo de tecnologia em cerâmica da escola SENAI Mario Amato. Membro da comissão de Cerâmica Artística da ABC - Associação Brasileira de Cerâmica. Realizou curso de capacitação profissional sobre Manutenção do Patrimônio Azulejar, realizado no Cencal (Centro de formação profissional para Indústria da Cerâmica), em Caldas da Rainha, Portugal.

Design nos BRICs: mee-too ou novas fronteiras?

ENQUANTO O MUNDO SE DESLOCA DO DOMÍNIO DOS ESTADOS UNIDOS E DO OESTE EUROPEU PARA UMA ORIENTAÇÃO MULTIPOLAR, AS POPULAÇÕES DOS PAÍSES EMERGENTES TORNAM-SE CADA VEZ MAIS RICAS E SOFISTICADAS.

Os principais países emergentes, chamados de BRICs - Brasil, Rússia, Índia e China, que até pouco tempo possuíam economias baseadas apenas no fornecimento de *commodities* e eram fracos na construção de marcas fortes, hoje se apresentam como potenciais competidores das economias desenvolvidas quando o assunto é inovação. O design tem um papel fundamental na construção dessa competitividade.

Isso porque o mundo emergente está vivenciando o maior crescimento da história. Sua participação no PIB mundial, a influência das empresas oriundas destes países, a relevância de suas marcas e seu potencial econômico estão em profundo crescimento, impulsionados pela ampliação do potencial de consumo.

Para entender o alcance dessa relevância, é importante analisar os aspectos que estão gerando essa mudança. Em primeiro lugar, enquanto o mundo se desloca do domínio dos Estados Unidos e do oeste europeu para uma orientação multipolar, as populações dos países emergentes tornam-se cada vez mais ricas e sofisticadas. As novas economias também estão rapidamente se tornando fontes de financiamento de desenvolvimento estrangeiro, à medida que suas companhias buscam novas oportunidades de expansão. Prevê-se que, em 2020, o GDP da China terá passado o dos EUA, tornando-o a maior economia global e o Brasil será o sétimo no ranking (figura 1). Em segundo lugar, porque as companhias das nações emergentes estão melhor posicionadas para entender os desafios de todos os mercados do gênero.

Ranking	2010		2020	
	País	GPD ($ Milhões)	País	GPD ($ Milhões)
1	EUA	14.802,081	China	28.124,970
2	China	9.711,244	EUA	22.644,910
3	Japão	4.267,492	Índia	10.225,943
4	Índia	3.912,991	Japão	6.196,979
5	Alemanha	2.861,117	Rússia	4.326,987
6	Rússia	2.211,755	Alemanha	3.981,033
7	Reino Unido	2.183,277	Brasil	3.868,813
8	França	2.154,399	Reino Unido	3.360,442
9	Brasil	2.138,888	França	3.214,921
10	Itália	1.767,120	México	2.838,722

Figura 1 – Fonte: Euromonitor

A concentração dos negócios na base da pirâmide, nas classes menos favorecidas, é o foco da teoria do economista indiano C.K. Prahalad, primeiro representante da elite acadêmica americana a afirmar que as grandes economias emergentes, sobretudo os BRIC, mudariam o panorama mundial de negócios e a forma como as grandes companhias operam. Segundo ele, "essa é a nova fronteira do capitalismo, em que nações como Brasil, Índia e China vão mudar fundamentalmente a natureza das grandes corporações". Para Prahalad, além do foco no crescimento econômico, a concentração na criação de produtos e serviços acessíveis às camadas carentes da população é uma estratégia para a diminuição da pobreza. "É a erradicação da pobreza através do lucro", afirma o autor.

Nesse contexto, as perguntas que se fazem presentes são: qual a importância do design para a satisfação das demandas desses novos consumidores? Qual o papel do design para o desenvolvimento econômico, cultural, social e ambiental desses países?

Essa mudança de paradigma representa um enorme desafio e, ao mesmo tempo, uma oportunidade para as empresas e para o setor de design em geral. Considerando que esses mercados carecem desde a infraestrutura básica ao mais sofisticados produtos e serviços, há desafios e oportunidades em todas as áreas do design, seja na busca por competitividade ou no posicionamento para o mercado consumidor emergente.

Lançar um olhar para o mercado consumidor emergente também pode tornar-se uma grande oportunidade de negócios a ser explorada. Isso porque, na lógica do capitalismo tradicional, as multinacionais criam produtos voltados a seus países de origem e, depois, os levam para os países em desenvolvimento. São na maioria das vezes produtos "globais" adaptados às realidades "locais", por meio de soluções híbridas de adaptação pela simplificação e barateamento que nem sempre se mostravam bem sucedidas por serem estranhas às reais necessidades da população. Assim, as características dessas mercadorias geralmente são voltadas para atendimento das pessoas pertencentes ao topo da pirâmide social, deixando as pessoas de baixa renda em segundo plano. C.K. Prahalad defende que as empresas nacionais devem voltar sua atenção a esse nicho de mercado, como forma de expansão e sucesso.

As adaptações talvez tenham funcionado num primeiro momento, porém no contexto atual os BRICs se deparam com desafios para os quais será necessário repensar as soluções existentes, já que muitas delas não se aplicam de forma satisfatória às necessidades futuras. O automóvel como meio de transporte individual pode ter funcionado nos EUA, mas dificilmente se aplica a países com mais de 1 bilhão de habitantes como a China e a Índia.

As oportunidades existentes nos BRIC demandam um profundo conhecimento do contexto cultural e social de cada país, a fim de conceber soluções coerentes e efetivas. É necessário um entendimento mais amplo acerca das distinções sociais e culturais presentes na maioria destes países, tais como:

1. RIQUEZA CULTURAL E CRIATIVIDADE

Os BRICs possuem grande riqueza cultural e movimentos artísticos que influenciam o design (ex: as cédulas de dinheiro na Índia informam o seu valor em 15 diferentes idiomas, todos oficiais no país). A criatividade também é uma característica inerente a essas culturas, que em função da falta de recursos viram-se obrigadas a encontrar seus próprios métodos de resolução de problemas (a folha de bananeira funciona como um prato descartável na Índia).

2. NECESSIDADE DE ESCALA VERSUS DISTRIBUIÇÃO

A necessidade de escala e as dificuldades enfrentadas na cadeia de distribuição influenciam o design de produtos e serviços (ex.: Dabbawala, a cadeia que entrega 200 mil refeições/dia em Mumbai, na Índia, foi reconhecida em 2002 pela Forbes Magazine como a rede de distribuição mais confiável do mundo. Trata-se uma rede que não utiliza computadores ou veículos modernos, mas sim pessoas analfabetas conduzindo bicicletas).

3. DIVERSIDADE SOCIAL

O design nos BRICs também é influenciado pela diversidade social destes países, nos quais os contrastes são muito maiores que os verificados no mundo desenvolvido. Dessa forma, é necessário adaptar os produtos para consumidores com realidades diferentes: ricos e pobres, pessoas com nível superior e pessoas analfabetas; pessoas com diferentes religiões, etc. (ex: no Brasil, a Unilever adaptou a formulação do seu tradicional sabão em pó Omo para os consumidores que ainda não têm acesso à máquina de lavar, lançando o Omo Tanquinho).

O novo paradigma de gestão, que começa a tomar forma, tem grandes implicações para o equilíbrio de poder global. A energia criativa do mundo está se deslocando do mundo desenvolvido para o emergente, principalmente nos BRICs, uma vez que é nesses países que as empresas encontrarão oportunidades para o crescimento de seus negócios.

Além disso, o impacto provocado pelo próprio crescimento econômico dos países emergentes em setores tão diversos como energia, meio-ambiente, alimentos, materiais, produção artística e gastos militares levará a uma sociedade bastante diferente da forma como conhecemos hoje, algo ao qual o mundo desenvolvido também terá de se adaptar.

Esses argumentos sugerem que as mudanças estão apenas começando, e que o design nos BRICs terá grande importância para o projeto do mundo futuro, no qual toda a manifestação de design terá grande importância. É evidente que o aprendizado adquirido nestes países os torna capazes de criar soluções inovadoras, mais efetivas e menos custosas, tanto para o consumo local como para o consumo nos países desenvolvidos. Assim, é possível concluir que o Design nos BRICs contribuirá fundamentalmente para o redesign do mundo.

ELLEN KISS

Professora e coordenadora acadêmica da Pós-Graduação em Design Estratégico na ESPM, além de docente convidada de outras instituições de ensino. Consultora e palestrante em temas que permeiam design e inovação. Mestre em Comunicação e Consumo e possui mais de 15 anos de atuação profissional com experiência internacional. Colaboradora de publicações e membro da diretoria da ABEDESIGN. A autora liderou um comitê acerca do tema "Design nos BRICs", cujos resultados foram apresentados em palestras no Festival de Criatividade de Cannes em 2010 e no Forum de Gestão HSM 2010.

74

Design thinking

O DESIGN SUGERE PRODUTOS E SERVIÇOS QUE MATERIALIZAM OS VALORES ESSENCIAIS DA EMPRESA, TRANSFORMANDO-SE ASSIM EM UMA FERRAMENTA CENTRAL AO PROCESSO DE INOVAÇÃO.

DESIGN THINKING: DESIGN COMO INSPIRAÇÃO PARA INOVAÇÃO E TRANSFORMAÇÃO ORGANIZACIONAL

O papel do design no universo das empresas sofreu ampla modificação nos últimos anos, evoluindo de uma "supérflua" ferramenta empregada em produções estéticas para ser reconhecido como um dos principais recursos estratégicos, capaz de agregar significativo valor aos produtos e/ou marcas e transformando-os em experiências memoráveis. Talvez a Apple seja o melhor exemplo global dessa mutação. "Você não sacrifica a experiência pelo crescimento; você impulsiona o crescimento a partir da qualidade da experiência." (JOBS, S. 2009)

O papel do design estende-se muito além da simples criação de formas para posicionar e diferenciar a empresa no mercado. Ao invés disso, o design sugere produtos e serviços que materializam os valores essenciais da empresa, transformando-se assim em uma ferramenta central ao processo de inovação.

O mundo atual, dinâmico e em constante evolução, propõe grandes desafios ao universo empresarial: instabilidade econômica, modificação dos valores sociais, ampliação da expectativa em relação à responsabilidade social e ambiental, novas oportunidades a partir do acesso a mercados globais, tecnologia em profunda transformação e consumidores mais exigentes e sofisticados. Além disso, as empresas habitam hoje o chamado "innovation gap"[1]: possuem ferramentas tecnológicas necessárias para produzir praticamente tudo, porém carecem de conhecimento para entender o que os consumidores realmente desejam. Suprir essa lacuna é fundamental para atingir lucratividade e crescimento.

Por outro lado, os modelos tradicionais de gestão, bem-sucedidos no passado, são hoje muito rígidos para atender aos novos desafios e oportunidades. De acordo com Bruce Nussbaum[2], editor da revista *Business Week*, o formato no qual nossas empresas e instituições foram concebidos não funciona mais. Corporações, sistemas financeiros, meio ambiente, saúde, educação são categorias que precisam de uma revisão, em que inovações incrementais não serão suficientes para enfrentar o nível de complexidade exigido por essas transformações. Faz-se necessário uma transformação do negócio em si, em que processos mais eficientes mobilizem o capital humano e posicionem o negócio acima da curva evolutiva. Um crescente número de líderes empresariais acreditam que Design Thinking desempenha um importante papel neste processo.

Design Thinking é uma metodologia original e efetiva, que pode ser aplicada ao design de inovação, sistemas, processos e no design do negócio em si. Um método que oferece uma compreensão mais ampla, ágil e profunda sobre a estilo de vida dos indivíduos, facilitando assim a solução de problemas complexos, abrangendo desde o acesso à água potável nos países em desenvolvimento até a eficácia dos sistemas de segurança nos aeroportos internacionais.

Ao longo das últimas décadas os designers desenvolveram habilidades visando combinar as necessidades humanas conjugadas à disponibilidade de recursos técnicos como também as limitações mercadológicas do negócio. Pela integração do que é desejado sob a ótica dos aspectos humanos com o que é tecnologicamente praticável e economicamente viável, designers foram capazes de criar produtos e marcas admirados. Design Thinking amplia esse espectro de atuação, empregando a metodologia para um universo

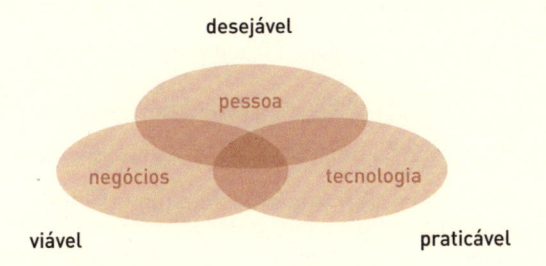

desejável
pessoa
negócios   tecnologia
viável   praticável

mais amplo de problemas, deslocando a atitude de ser designer para pensar como designer.

A fantasia do gênio e sua mente brilhante, que por muito tempo habitou nosso inconsciente coletivo, é substituída por um processo de design multidisciplinar, passível de ser gerenciado e implementado. Design Thinking é essencialmente um processo de inovação centrado em aspectos humanos, cujos métodos como observação, colaboração, conhecimento, visualização, prototipagem e análises incitam a inovação e delineiam as estratégias empresariais promovendo, assim, a decisão sobre o que deve ser produzido. Criatividade e design mobilizam inovação, e inovação mobiliza crescimento. Porém, a inovação pautada somente em novidades não confere ao negócio viabilidade econômica e sustentável em longo prazo. Faz-se necessário um modelo de inovação que suscite transformação para assim dar-se início a um processo de criação da cultura de inovação empresarial.

Empresas líderes em alguns setores de produção da economia brasileira iniciaram seu percurso metodológico no universo do Design Thinking, além de iniciativas acadêmicas. Livros como *The Rise of Creative Class*[4] e *A Whole New Mind*[5] reforçam que estamos em meio a uma mudança ainda mais significativa no papel do design e da criatividade nas corporações: o incremento da economia criativa, influenciada tanto por fatores micro como macro. Aparentemente é uma transformação permanente e, portanto, capaz de transformar uma empresa que faz design em uma empresa cujo design seja o seu enfoque estratégico.

BIBLIOGRAFIA

1. LOCKWOOD, T. **Design Thinking.** USA: Allworth Press, 2010

2. NUSSBAUM, B. **Business Week**. USA: 2009

3. BROWN, T. **Change by design.** USA: HaperColins, 2009

4. FLORIDA, R. **The Rise of Creative Class.** USA: Basic Books, 2003

5. MARTIN, R. **A Whole New Mind.** USA: Harvard Business Review, 2009

ELLEN KISS

Professora e coordenadora acadêmica da Pós-Graduação em Design Estratégico na ESPM, além de docente convidada de outras instituições de ensino. Consultora e palestrante em temas que permeiam design e inovação. Mestre em Comunicação e Consumo e possui mais de 15 anos de atuação profissional com experiência internacional. Colaboradora de publicações e membro da diretoria da ABEDESIGN. A autora liderou um comitê acerca do tema "Design nos BRICs", cujos resultados foram apresentados em palestras no Festival de Criatividade de Cannes em 2010 e no Forum de Gestão HSM 2010.

Design para a sustentabilidade

80

ENTREVISTA COM O ARQUITETO E
DESIGNER ITALIANO MARCO CAPELLINI,
PELA CONSULTORA EM SUSTENTABILIDADE
ADRIANA FORTUNATO, ESPECIALMENTE
PARA O SENAI SÃO PAULO DESIGN.

Fortunato: Nestes últimos anos se fala muito de sustentabilidade ambiental. Você poderia explicar concretamente o que é um produto sustentável?

Capellini: Antes de mais nada, o termo sustentabilidade está bem inflacionado e tem sido usado em alguns casos impropriamente para justificar um comportamento ou ação de preservação ambiental sem fornecer especificações adequadas.

Nos últimos dois anos de crise econômica, muitas empresas se aproveitaram da "onda verde" do mercado com ações de *green washing*, como pura ação de marketing e não como uma ação concreta de sustentabilidade ambiental.

Um produto sustentável é um produto que representa um conjunto de *performances* ambientais que o caracterizam. Definir um produto como sustentável é uma definição muito genérica. O importante é entender onde, como e quando o produto é sustentável. A sustentabilidade aplicada a um produto ou serviço deve ser comunicada ao consumidor para que ele compreenda quais são estas *performances* ambientais, ou seja, as características ambientais que verdadeiramente distinguem este de outros produtos.

Fortunato: Quais são as principais características da sustentabilidade aplicada ao produto?

Capellini: Essas características podem ser determinadas pelo uso de materiais reciclados, pelo baixo consumo energético, baixas emissões de CO2, baixo consumo de água e de outros aspectos orientados para a preservação ambiental. Por esse motivo é importante utilizar o termo "sustentabilidade" definindo o produto com nome e sobrenome, evidenciando as *performances* ambientais que definem o produto responsável em si e para o mercado. A sustentabilidade não é alguma coisa que se compra, ou se vende ou se utiliza temporariamente.

Fortunato: A comunicação ambiental de um produto é fundamental para que o consumidor possa compreender e avaliar o impacto ambiental e social de um produto e decidir por um consumo consciente. Você mencionou o termo *green washing:* o que ele significa exatamente?

Capellini: *Green washing* é um termo que está sendo muito usado pelo mercado. É um neologismo que indica a utilização imprópria das ações ambientalistas por parte da empresa, indústria ou organização, para criar uma falsa imagem positiva relativa às atividades ambientalistas, bens e serviços, para distrair a atenção do que realmente devem ser as responsabilidades ambientais no confronto real dos impactos ambientais negativos. Em síntese, um termo que é utilizado para distinguir quem declara a verdade de quem é falso.

Fortunato: Para projetar um produto ambientalmente sustentável e evitar riscos de *green washing* quais são os pontos de maior importância?

Capellini: O projeto ambiental de um produto, melhor conhecido como ecodesign, é uma estratégia projetual que analisa e avalia o impacto ambiental durante o ciclo de vida do produto para depois sucessivamente intervir no processo do seu aprimoramento.

A aplicação dessa estratégia não é simples, o importante é definir bem os objetivos a serem atingidos para evitar esforços e investimentos econômicos que não terão retorno com os resultados. O projeto ambiental de um produto, ou melhor, o projeto das performances ambientais de um produto, deve considerar o consumo, os materiais a serem utilizados, a embalagem, o transporte e o reuso e reciclagem no pós consumo.

Fortunato: Um produto sustentável terá um custo mais elevado?

Capellini: Na verdade, o desenvolvimento de produtos ambientalmente sustentáveis não comporta custos elevados em comparação com os tradicionais. São muitos, e aumentam os casos que demonstram como um correto projeto de desenvolvimento de novos produtos ambientalmente responsáveis gera benefícios econômicos e de preservação ambiental.

A demanda do mercado internacional por produtos sustentáveis cresce e novas tecnologias e materiais surgem para atender estes produtos com maior viabilidade econômica.

Fortunato: Os materiais eco compatíveis têm um papel fundamental no design para a sustentabilidade. Quais são as perspectivas para os próximos anos?

Capellini: Os materiais entram no capítulo de inovação. Estamos assistindo a uma transformação de produtos graças aos materiais e nos últimos anos tivemos grandes avanços nessa nova tipologia de materiais de fontes renováveis e reciclados. MATREC, primeiro banco de dados de materiais reciclados, na Itália, é um exemplo do que acontece ao redor do mundo. Materiais com características diversas, que não deixam nada a desejar em relação a materiais virgens, e que graças a sua tecnologia avançada e inovação estão sendo utilizados em desenvolvimento de produtos acabados por grandes empresas nacionais e internacionais. É um aspecto importante, porque não é todo mundo que sabe que a utilização de materiais reciclados permite a redução de consumos energéticos em comparação a materiais virgens e também a redução de CO_2 em todo o processo.

Para os próximos anos o desafio de produtos e ecoinovação será ligado a novos materiais que derivam não só da reciclagem, mas da "retransformação", como por exemplo os biomateriais, sempre mais difundidos, como o bioplástico; e também a nanotecnologia, que neste momento faz grandes avanços na temática ambiental.

Fortunato: Com a sua experiência na área de consultoria empresarial, quais são os setores econômicos com melhores resultados em termos de qualidade ambiental de produto?

Capellini: A minha experiência pessoal nacional, e nos últimos anos internacional, demonstra que a temática ambiental, ou melhor, o desenvolvimento de produtos com elevada *performance* ambiental é uma demanda do mercado, porque o consumidor está cada dia mais atento.

São muitos os setores envolvidos. Tivemos experiência desde os setores de eletrodomésticos até o moveleiro, como também no setor de calçados e produtos de decoração.

Além de países europeus e Estados Unidos, a colaboração com o Brasil e Argentina mostra como se propaga na escala global o interesse pelo desenvolvimento de produtos sempre mais ecoinovadores, do ponto de vista do design, da inovação e da pesquisa. O cenário está mudando e o mercado oferece muitas oportunidades em vários segmentos.

Fortunato: Em relação às estratégias de sustentabilidade aplicadas ao produto, quais são as diferenças para pequenas e médias empresas em relação às grandes empresas?

Capellini: Pela minha experiência na área de consultoria nos últimos anos, com empresas como 3M, Samsung, Nivea, Indesit Company, se evidencia sempre mais, uma atenção maior ao desenvolvimento e pesquisa de novos materiais ambientalmente sustentáveis.

Inovação, pesquisa e sustentabilidade são três elementos que as grandes empresas levam muito a sério na situação atual. Por parte de pequenas e médias empresas a estratégia muda, porque os esforços orientados para a inovação devem ter o máximo resultado com o mínimo investimento. E, neste caso, a utilização de novos materiais ambientalmente sustentáveis permite criar produtos com valor agregado e assim serem competitivos para o mercado do ponto de vista da sustentabilidade.

Também é muito importante investir em formação e know how para formar designers, profissionais de marketing e da área comercial, como também CEOs, para incorporarem seriamente os conceitos da sustentabilidade ao processo industrial. E isso vale tanto para pequenas, médias e grandes empresas.

" MARCO CAPELLINI

Arquiteto e designer industrial pelo Politécnico de Milão. Docente da cadeira de desenho industrial da Universidade Sapienza de Roma e Universidade de Ascoli (coordenador do 1º. curso Máster de Ecodesign). Consultor do Ministério das Atividades Produtivas e do Observatório Nacional de Resíduos, nas principais temáticas ambientais. Sócio proprietário da CAPELLINI | design & consulting um dos primeiros estúdios profissionais de Design Ambiental de produtos e serviços em ecodesign. Em 2002 criou a Matrec (MATerial RECycling), o primeiro banco de dados italiano de materiais e produtos reciclados.

" ADRIANA GAGLIOTTI FORTUNATO

Consultora de sustentabilidade e projetos especiais. Cursou arquitetura pela Faculdade de Arquitetura e Urbanismo Brás Cubas, é formada em Science of Natural Health Clayton College of Alabama / Master in Science of Natural Health Clayton College of Alabama. Marketing College for Distributive Trades The London Institute Public Relations College for Distributive Trades The London Institute. Colaboradora da Università Degli Studi Di Siena (UNISI). Consultora do projeto de colaboração Brasil-Itália Universiità degli studi di Siena UNISI. Idealizadora e curadora dos projetos: Brasil Itália Diálogo Sustentável, MISP Milão e São Paulo e Net&work to go Green.

Ergodesign e produtividade

AS EXIGÊNCIAS ERGONÔMICAS NÃO SÃO MAIS APENAS UMA NECESSIDADE DE CONFORTO E SEGURANÇA E DE PREVENÇÃO DE DOENÇAS OCUPACIONAIS.

O PAPEL DA ERGONOMIA PARA MELHORIA DA QUALIDADE E PRODUTIVIDADE

INTRODUÇÃO

As mudanças tecnológicas e as novas técnicas de gestão dos negócios têm causado várias alterações nos métodos e processos de produção. Para acompanhar essas mudanças, é necessário proporcionar aos funcionários/colaboradores condições adequadas para que estes possam exercer suas tarefas e atividades com conforto e segurança. Desta forma, é necessário adequar o posto de trabalho, as condições de trabalho e organizar o sistema de produção com conceitos ergonômicos.

Tendo como premissa que a conquista da qualidade dos produtos e serviços com aumento produtividade só é possível com qualidade de vida no trabalho, as exigências ergonômicas não são mais apenas uma necessidade de conforto e segurança e de prevenção de doenças ocupacionais, e sim uma estratégia competitiva para a empresa sobreviver no mercado globalizado.

CONSIDERAÇÕES GERAIS

Tendo em vista o processo de desenvolvimento pelo qual passam os setores industriais e de serviços em nosso país com o processo de automação e informatização, a adequação ergonômica dos postos de trabalho e do sistema de produção são necessidades imediatas.

O FUTURO DAS ORGANIZAÇÕES DEPENDERÁ CADA VEZ MAIS DA CRIATIVIDADE E DA PARTICIPAÇÃO DOS FUNCIONÁRIOS/ COLABORADORES NA SOLUÇÃO DOS PROBLEMAS E ISTO SÓ SERÁ POSSÍVEL SE O AMBIENTE DE TRABALHO ESTIVER ERGONOMICAMENTE PROPÍCIO PARA O TRABALHADOR/COLABORADOR.

Com o processo de globalização que estamos vivenciando, a empresa, para sobreviver, precisa tornar-se competitiva, portanto é necessário que ela modernize seus recursos técnicos (máquinas, equipamentos, ferramentas métodos e processos de produção), qualifique e capacite seus recursos humanos (funcionários/colaboradores) e proporcione boas condições de trabalho aos mesmos.

A produtividade e a qualidade do produto ou serviço estão diretamente ligadas ao posto de trabalho e ao sistema produtivo, e estes deverão estar ergonomicamente adequados aos funcionários/colaboradores, para que possam realizar suas tarefas com conforto, eficiência e eficácia, sem causar danos à saúde física, psicológica e cognitiva.

O futuro das organizações dependerá cada vez mais da *criatividade e da participação dos funcionários/colaboradores* na solução dos problemas e isto só será possível se o ambiente de trabalho estiver ergonomicamente propício para o trabalhador/colaborador.

O que temos observado na maioria das empresas brasileiras, especialmente as de pequeno e médio porte, é um total descaso para com as condições de trabalho e, consequentemente, a qualidade de vida dos funcionários/colaboradores, o que acarreta custos, baixa qualidade, baixa produtividade e insatisfação no trabalho.

Salientamos que a questão ergonômica em uma empresa, seja ela pequena, média ou grande, é uma exigência legal do Ministério do Trabalho e Emprego, contida na norma regulamentadora NR-17 de Ergonomia, e que todas as empresas devem cumprir sob pena de multas e/ou processos trabalhistas.

A Ergonomia deve estar presente nas mais diversas áreas da empresa, especialmente nos SESMTS-Serviços Especializados de Segurança e Medicina do Trabalho, e deve integrar-se à Gestão da Qualidade, pois a busca da Qualidade Total passa necessariamente pela Qualidade de Vida no Trabalho. Com a exigência das certificações, especialmente da OHSAS 18.000, que trata da Saúde Ocupacional, as questões ergonômicas devem ser atendidas em sua plenitude e não apenas para cumprir a legislação trabalhista.

A maioria dos problemas ergonômicos estão exatamente onde sempre estiveram, ou seja, no projeto de design das máquinas, dos equipamentos, das ferramentas, do mobiliário e do posto de trabalho e, evidentemente, agravados pelas inadequações relativas à organização do trabalho.

Dessa forma, se não houver a adequação ergonômica do posto de trabalho e dos processos de produção, os problemas ergonômicos continuarão a existir.

O QUE TEMOS OBSERVADO NA MAIORIA DAS EMPRESAS BRASILEIRAS, ESPECIALMENTE AS DE PEQUENO E MÉDIO PORTE, É UM TOTAL DESCASO PARA COM AS CONDIÇÕES DE TRABALHO.

Estes problemas podem ser minimizados com ações paliativas (ginástica laboral, pausas durante a jornada de trabalho, redução da jornada de trabalho, rotatividade de tarefas etc.), porém não serão eliminados em sua totalidade, pois com essas ações não se combate a causa, e sim o efeito.

Portanto deve-se aplicar os conhecimentos ergonômicos na concepção do projeto (design) dos postos de trabalho, das máquinas, das ferramentas, do mobiliário e também no planejamento da organização do trabalho dos processos produtivos.

O PROJETO ERGONÔMICO NA EMPRESA

Qualquer que seja a abrangência e enfoque do projeto ergonômico (ergodesign) na empresa, este deve seguir os seguintes objetivos:

→ Adequar ergonomicamente os postos de trabalho e os processos de produção aos limites e capacidades dos trabalhadores (física, psicológica e cognitiva);

→ Otimizar as condições de trabalho como um todo para conquistar eficácia, eficiência, produtividade e qualidade;

→ Proporcionar clima propício para o desenvolvimento da criatividade e da participação dos funcionários/colaboradores;

→ Minimizar ou eliminar o erro humano e agir preventivamente em relação a acidentes e doenças ocupacionais;

→ Proporcionar conforto ambiental em relação ao ruído, iluminação, temperatura, umidade relativa do ar de forma a atender a legislação trabalhista;

→ Proporcionar condições de segurança e conforto nas operações para realizar as tarefas/atividades com qualidade de vida, bem-estar e satisfação no trabalho.

CONCLUSÃO

As empresas que têm como meta tornarem-se competitivas para sobreviver no mercado globalizado devem utilizar a Ergonomia e o Ergodesign como ferramenta para estabelecer estratégias para otimizar as condições de trabalho e diminuir as influências nocivas à saúde física, psicológica e cognitiva dos funcionários/colaboradores, e proporcionar meios para que estes possam ser criativos e participativos em suas organizações.

A adequação ergonômica na empresa é uma necessidade do ponto de vista social e econômico, pois leva em consideração a saúde física, psicológica e cognitiva do trabalhador, portanto de interesse dos governos e da sociedade como um todo, e também do ponto de vista econômico, pois possibilita ganhos de meios de qualidade e produtividade, o que é de interesse dos empresários. Com a atual OHSAS - ISO 18.000, que trata da Saúde Ocupacional, exige-se das empresas um amplo programa de melhorias de condições de trabalho e de qualidade de vida no trabalho, especialmente o cumprimento das NR 7-Programa de Prevenção de Riscos Ambientais, NR 9-Programa de Controle Medico da Saúde Ocupacional e da NR-17 de Ergonomia, normas regulamentadoras de saúde e segurança do trabalho, a que todas as empresas devem atender.

A Ergonomia, com seu conceito holístico e multidisciplinar é a área do confinamento científico utilizada para suprir esta nova demanda, na qual a adequação ergonômica das condições de trabalho é de importância vital. Saliente-se ainda que a aplicação da Ergonomia na empresa vem contribuir para a redução do novo SAT - Seguro do Acidente do Trabalho, que é determinado pelo FAP - Fator Acidentário da Previdência.

Assim, a Ergonomia e o Ergodesign deverão proporcionar uma contribuição importante aos governos e às empresas para harmonizar a relação capital x trabalho, e também um item de vital importância para a melhoria da qualidade e da competitividade das empresas no mundo globalizado.

PROF. DR. CARLOS MAURÍCIO DUQUE DOS SANTOS

Industrial Designer, mestre e doutor em Engenharia de Produção pela Escola Politécnica da USP e UNIP com ênfase em Ergonomia e Ergodesign. Ergonomista Sênior certificado pela ABERGO-Associação Brasileira de Ergonomia e pela IEA-International Ergonomics Association. Diretor Técnico DCA Ergonomia & Design (www.dcaergonomia.com.br) com mais de 30 anos de experiência em Ergonomia Corporativa, tendo desenvolvido projetos de Ergonomia para Petrobras, Votorantim, Alcoa, Rhodia, Unilever-Kibon, Siemens, LG, MABE, Bosch, Continental, Bradesco, Citibank, Brasilata, entre outras.

O design e o vidro

É O DESIGNER QUE, POR FORMAÇÃO E CARACTERÍSTICA DO SEU OLHAR, TEM UMA CONDIÇÃO PRIVILEGIADA PARA RELACIONAR (SER INTERFACE) TODAS ESSAS QUESTÕES E DAR FORMA A UM PRODUTO.

O QUE É DESIGN?

Richard Buckanan o define como "a nova arte liberal da cultura tecnológica". É capaz de integrar artes e saberes de maneira adequada a identificar e resolver problemas e alcançar objetivos sociais.

São características de sociedades complexas como a nossa as incertezas resultantes das rápidas mudanças e da contestação de certezas científicas, os sistemas de pensamento e o conhecimento multidimensional. Assim, para elaborar conhecimento e atuar na sociedade se requer a vivência de cada nova situação por uma ótica multidisciplinar que contempla a mudança como um elemento intrínseco.

O design atua na sociedade complexa atingindo grande número de atividades socioeconômicas que agem no mercado. Ele incorpora metodologias e técnicas, refina problemas e gera propostas de intervenção. As propostas de intervenção fazem uso da tecnologia disponível e até a fomentam, mas vão além e carregam em si um olhar e um conceito sobre o mundo. Ultrapassam o material e agem no imaterial. O design, portanto, é um processo que gera novas respostas a questões novas ou preexistentes e sua resposta é inovadora. A inovação vem de dois aspectos, como dissemos: o tecnológico que é material, e o simbólico, imaterial.

O design industrial surge como atividade profissional a partir da primeira revolução industrial, quando a divisão de tarefas separa o trabalho manual do intelectual. Considerado uma interface, está no centro dos vários processos que vão resultar na produção material desta sociedade, conectando a necessidade do todo social e seus anseios, a adequação da produção à demanda, processos tecnológicos existentes, fomentação de novas respostas, aspectos mercadológicos, explicitação de valores culturais.

É ESSENCIAL CONHECER O MATERIAL COM O QUAL SE VAI TRABALHAR. O QUE ELE PODE NOS OFERECER? QUE VANTAGENS OBTEMOS EM UTILIZÁ-LO?

É o designer que, por formação e característica do seu olhar, tem uma condição privilegiada para relacionar (ser interface) todas essas questões e dar forma a um produto.

No que tratamos aqui, design em vidro, interessa a produção do artefato. Ele tem uma identidade essencial determinada pela forma e função, por exemplo, uma taça que serve para beber, mas também traz significados que provêm de sua inserção social e da intencionalidade humana, informação e atividade mercadológica. Assim, a taça se transforma em prêmio, símbolo de uma vitória. O artefato é elemento constituinte da cultura material, na qual estão impressas características da sociedade, especialmente importante na nossa, que se esmera no consumo.

Tendo uma visão conceitual do design, podemos dar algumas características do material vidro e seu processo de produção.

É essencial conhecer o material com o qual se vai trabalhar. O que ele pode nos oferecer? Que vantagens obtemos em utilizá-lo? As propriedades físicas, óticas e estéticas do vidro sempre intrigaram o homem.

O QUE É O VIDRO?

O vidro não passa de um material que resulta da fusão da areia (sílica) com o sódio, e que adquire aparência totalmente diversa de seus componentes.

É, por definição, uma substância inorgânica, homogênea e amorfa, obtida pelo resfriamento de uma massa em fusão; é um líquido enrijecido que endurece pelo aumento contínuo de viscosidade, sem formar cristais ainda em alta temperatura.

Com o correr do tempo e o aumento do conhecimento e de acordo com a finalidade a que se destina, outros elementos foram acrescentados à massa do vidro.

De que tipo de vidro dispomos? A que se prestam?

→ Vidro soda-lime — resiste a altas temperaturas, mas não a mudanças bruscas, e tem pequena resistência química. Este é o vidro mais usado em utensílios, embalagens e vidro plano.

→ Vidro chumbo — é mole e refrata mais a luz, próprio para

lapidação. É ótimo isolante elétrico, mas não suporta altas temperatura e mudanças bruscas.

→ Vidro de borosilicato — é resistente a mudanças térmicas e corrosão química e se destina a vidros fotocromáticos, bulbos de lâmpada, vidros de laboratório, vidros para forno "pirex".

→ Vidro de aluminosilicato — resiste a temperaturas ainda mais altas e tem grande resistência química. Se coberto com um filme condutor, é usado para resistência de circuito eletrônico.

→ Vidro 96% sílica — resiste a choque térmico de 900 graus.

→ Vidro de sílica fundido — aguenta até 1200 graus e é usado em veículos espaciais.

COMO TRABALHAR ESTE MATERIAL?

Conhecido desde a antiguidade, com contribuições e desenvolvimentos ao longo do tempo, é a partir do século XIX que a tecnologia de produção do vidro teve grande desenvolvimento. O século XX foi revolucionário na produção de máquinas, em processos automáticos possibilitados pela introdução de outras fontes de energia. Vale salientar as máquinas para produção de garrafas em larga escala e o processo float para fabricação de vidro plano sobre banho de estanho.

Criaram-se processos para produzir vidro mais resistente à temperatura e agressão química, maneiras de fazê-lo refletir o calor e conduzir eletricidade.

A utilização do vidro plano enquanto elemento estrutural na arquitetura precisa ser enfatizada. Oferece muitas novas alternativas de controle do ambiente e tem transformado o espaço urbano e a relação do homem com seu entorno.

A reutilização do vidro é outro fator importante a salientar. Pode ser totalmente reciclado o que barateia muito o custo da produção, e pode também, em diferentes circunstâncias, ser reutilizado com a função para que foi concebido ou outra (ex. garrafas que, higienizadas, continuam como embalagens ou podem se tornar material de construção).

Inúmeras são as técnicas que podemos utilizar para trabalhar o vidro.

→ massa vítrea ainda em fusão pode ser trabalhada por vários processos: sopro, estiramento, prensagem, centrifugação, casting, float, entre outros.

→ vidro em forma de chapa, bastão, tubo e outros artefatos, sofrendo o aquecimento em temperaturas diferentes, pode ser novamente conformado pela curvação, fusão, maçarico, fusão em pate de verre, e sua superfície pode ser modificada pela esmaltação, texturização etc.

→ o vidro frio ainda se presta a ser trabalhado, modificado por técnicas diversas como lapidação, fosqueamento por abrasão, corrosão química, polimento, laminação, espelhação, colagem, tratamentos tecnológicos de superfície, etc.

Fazer design é estabelecer uma relação com o mercado que demanda um produto, a atividade mercadológica que o investe de significado, tocando e emocionando o consumidor, é conhecer e facilitar a produção, é oferecer soluções na distribuição. Pensar design é buscar soluções para problemas e gerar oportunidades.

Como designer professo a crença de que se vai além. Fazer design é "fazer com arte" os artefatos industriais considerando qualidade, criatividade e viabilidade; é estabelecer um diálogo com o material a ser trabalhado.

O vidro se mostra inteiro, interior e com superfície iguais, se oferecendo ao manuseio. É elemento isolante e ascético, mas se deixa penetrar pela luz. É uma superfície rígida e fria, mas invadida por imagens e sombras. Dialogar com o vidro é poder pendurar uma gota de cor no vazio da transparência, é capturar o entorno, é mudar com a luz do sol e o brilho da lua, é sonhar na imagem sempre renovada e mutante desse material apaixonante.

" THAIS PIMENTEL

Bacharel em Ciências Sociais e mestra em Antropologia pela USP, com cursos em pós-graduação na FAU-USP e várias especializações em desenho e técnicas de trabalho em vidro, entre elas Glass Multimedia em Peland School of Arts and Crafts, NC, EUA.
Há 20 anos desenha e executa sua própria linha de objetos utilitários e decorativos no Studium KI, além de desenvolver projetos para outros clientes.
Tem, ao longo deste percurso, participado de inúmeros eventos artísticos e de design no Brasil, Estados Unidos e Europa.

O que nos dizem os lançamentos de embalagem

O BRASIL FOI O 4º PAÍS QUE MAIS LANÇOU EMBALAGENS NO MUNDO NO ANO. NOSSO PAÍS ESTÁ ENTRE OS MAIORES MERCADOS DO MUNDO NAS PRINCIPAIS CATEGORIAS DE CONSUMO.

O relatório consolidado com os lançamentos mundiais de embalagem em 2009, elaborado pelo Laboratório de Embalagem da ESPM - Escola Superior de Propaganda e Marketing, traz informações importantes que nos mostram como os hábitos de consumo no mundo estão orientando as empresas e direcionando os lançamentos de novas embalagens.

Em primeiro lugar ficou evidente que, a partir do terceiro trimestre de 2009, a crise internacional arrefeceu e os principais países voltaram a lançar embalagens num ritmo superior ao que vinham lançando antes dela.

O Brasil foi o 4º país que mais lançou embalagens no mundo no ano. Nosso país está entre os maiores mercados do mundo nas principais categorias de consumo e a competição por aqui é muito acirrada.

No caso da embalagem, nós temos nível internacional e seguimos as principais tendências mundiais. O forte dinamismo do mercado brasileiro fez com que o Brasil, que ocupava o 6º lugar entre os países que mais lançaram embalagens em 2008, saltasse para o 4º lugar em 2009.

Durante a crise, o Brasil chegou a ocupar por seis meses consecutivos a segunda posição, pois enquanto o mundo desacelerava os lançamentos, aqui acontecia o contrário.

No total, os lançamentos cresceram 18% em relação ao ano anterior, com 274.273 novas embalagens sendo lançadas em 2009.

A ATUAÇÃO CADA VEZ MAIS ATIVA DA MULHER NO TRABALHO, NO ESTUDO E EM ATIVIDADES FORA DE CASA TEM TIDO UM GRANDE IMPACTO NO PERFIL DOS LANÇAMENTOS.

Quando olhamos para as categorias nas quais está ocorrendo o maior número de lançamentos, somos surpreendidos pela constatação de que sete entre as dez categorias top em lançamentos são ocupadas por produtos cosméticos e de cuidado pessoal. Para se ter uma ideia da importância dessa informação, há cinco anos o ranking dos dez mais mostrava exatamente o contrário, ou seja, apenas três entre os dez eram cosméticos.

Isso indica que as indústrias deste setor dominaram os lançamentos em 2009 graças à proeminência da mulher na sociedade de consumo. O produto líder absoluto no número de lançamentos é o batom, seguido do creme facial.

A atuação cada vez mais ativa da mulher no trabalho, no estudo e em atividades fora de casa tem tido um grande impacto no perfil dos lançamentos.

As quatro empresas que mais lançaram produtos em 2009 atuam no segmento de cuidados pessoais e cosméticos. Em consequência disso, quando analisamos o posicionamento dos produtos mais lançados, verificamos que o Botanic/Herbal é o posicionamento mais adotado, ficando o posicionamento "com efeito hidratante" em terceiro lugar.

O conjunto de categorias com maior número de lançamentos acaba impactando os demais quadros comparativos que montamos, pois influenciam praticamente todos os aspectos.

Os dados dos 15 quadros cobertos pela análise do Laboratório indicam ainda que a participação das marcas próprias nos lançamentos vem crescendo consistentemente no últimos cinco anos, passando de 13% do total de lançamentos em 2005 para 18% em

A PARTICIPAÇÃO DAS MARCAS PRÓPRIAS NOS LANÇAMENTOS VEM CRESCENDO CONSISTENTEMENTE NO ÚLTIMOS CINCO ANOS, PASSANDO DE 13% DO TOTAL DE LANÇAMENTOS EM 2005 PARA 18% EM 2009.

2009. No Brasil, as marcas próprias representaram 11% das cerca de 13,7 mil embalagens lançadas no ano.

Quando focamos nossas análises nos tipos de embalagens e materiais mais adotados nos lançamentos, verificamos que os frascos, embalagens flexíveis e bisnagas lideram o ranking, com o plástico seguido do vidro e do cartão sendo os materiais mais adotados.

Um ponto que chamou nossa atenção nesta análise foi o posicionamento ético/ambiental, que pela primeira vez entrou no quadro dos dez posicionamentos mais adotados nas embalagens lançadas.

Ao destacar esses aspectos no texto das embalagens, os fabricantes demonstram que a preocupação com o tema já chegou ao nível da ação, pois até agora havia muito discurso e pouca prática nesta questão.

Quando vemos os lançamentos destacarem efetivamente os aspectos éticos dos produtos e as características ambientais das embalagens, percebemos que algo está mudando de fato.

Isso é o que de mais importante nos dizem os lançamentos mundiais de embalagem em 2009.

"**FÁBIO MESTRINER**

Designer, professor coordenador do Núcleo de Estudos da Embalagem da ESPM, professor do Curso de Pós-Graduação em Engenharia de Embalagem da Escola de Engenharia Mauá, cordenador do Comitê de Estudos Estratégicos da Associação Brasileira de Embalagem (ABRE), conselheiro do Comitê de Inovação e Design do WTC World Trade Center e autor dos livros "Design de Embalagem - Curso Avançado" e "Gestão Estratégica de Embalagem" (Pearson Prentice Hall). Foi presidente da Abre e representante do Brasil na WPO - World Packaging Organization.

110

Pininfarina
extra

ENTREVISTA COM PAOLO TREVISAN, CHIEF DESIGNER, E MATTEO DE LISE, DIRETOR DE MARKETING E VENDAS, ESPECIALMENTE PARA O SENAI SÃO PAULO DESIGN.

SENAI: Como vocês avaliam a importância que os mercados mundiais têm dado ao design?

Trevisan e De Lise: Em um mercado em que os produtos tendem a ser cada vez mais semelhantes em termos de tecnologia, performance e qualidade, somente o design pode fazer a diferença e ainda conduzir a escolha do consumidor final. E pelo fato de essa escolha ser muitas vezes determinada por um fator emocional, as empresas estão investindo cada vez mais no design como fator de agregação de valor.

SENAI: O design, considerando a sua origem (Bauhaus), é uma atividade que busca a democratização dos bens de consumo, ou seja, preconiza o desenvolvimento de produtos em série e "consumíveis" pelas massas. De algumas décadas para cá, observamos o design sendo aplicado e percebido muitas vezes em produtos de alto valor agregado e para um público bastante restrito. Porém, em contraposição a esse cenário, hoje vemos empresas pequenas investindo em design para públicos menos abastados. Como vocês interpretam esse fenômeno?

Trevisan e De Lise: Design é projeto, e se aplica a todos os bens de consumo – do produto mais acessível de uso diário àquele de grande luxo e alta tecnologia. A Pininfarina, por exemplo, manifesta seu design em contextos bem diferentes: de uma escova de dentes que custa menos de quatro euros à edição limitada de um relógio turbilhão de 200 mil euros. O mesmo ocorre na indústria automotiva: desde carros urbanos a modelos superesportivos.

SENAI: Como funciona o processo de desenvolvimento do design na Itália – considerando os aspetos criativos e práticos de um projeto? Quais são os primeiros aspectos a serem considerados? Como funciona o processo de desenvolvimento em termos de equipe? Quantas pessoas são envolvidas no processo? Como se dá a relação com a demanda/ cliente?

Trevisan e De Lise: Começamos a partir das necessidades e demandas do cliente, e em torno destes dados é formada uma equipe (designers, técnicos e, claro, o cliente). Um processo de desenvolvimento sob medida. Trabalhamos as diversas áreas do projeto, apoiados na análise do mercado específico, o sistema de produção disponível e, sobretudo, identificamos os vários objetivos a serem alcançados com o novo produto.

SENAI: Que pontos vocês consideram importantes para se estimular a criatividade?

Trevisan e De Lise: Para criar um novo produto é preciso ter um motivo, um novo limite a ser superado, uma nova mensagem a ser comunicada. E, ao contrário do que se pensa, as restrições ao invés de dificultar, nos servem de incentivo. Também observamos muito. Perceber como as pessoas interagem com os produtos é fonte adicional de informação, necessária para melhorar e construir novos relacionamentos. Normalmente, nosso esforço não é para estimular a criatividade, mas para canalizá-la à direção certa.

SENAI: Como a Pininfarina percebe o design brasileiro? E o que vocês consideram como pontos fortes e fracos?

Trevisan e De Lise: O que nos impressiona é essa grande vitalidade criativa, essa paixão típica do caráter brasileiro, conhecida e apreciada no mundo inteiro. Apreciamos o frescor e a alegria que emanam dos produtos, mas é necessário não perder de vista os aspectos relacionados à viabilidade e tratar com atenção todos os detalhes.

SENAI: O design, apesar de ser uma atividade industrial, transita pelos universos da psicologia, da sociologia e especialmente das artes. Como é possível tornar concretos os dados abstratos de um projeto? Vocês utilizam alguma metodologia para essa finalidade?

Trevisan e De Lise: Há uma linguagem das formas, criada pela proporção dos volumes, das linhas e das superfícies, que expressa emoções diferentes. O designer precisa conhecer essa linguagem e, sobretudo, saber quais emoções necessita expressar. Obviamente isso não exclui a funcionalidade ergonômica do produto, mas potencializa a sua comunicação com o usuário, dando-lhe o caráter necessário.

SENAI: Como vocês veem o papel do marketing na divulgação do produto? Acreditam que o designer deve atuar sempre ao lado do profissional de marketing? Como encaram as diferenças e similaridades entre o marketing o design?

Trevisan e De Lise: O marketing proporciona uma visão do mercado, fundamental ao processo de desenvolvimento de um novo produto. O design deve trabalhar em contato com muitos setores de uma empresa: engenharia, produção, vendas, marketing... Atuar em equipe com frequentes confrontos, adquirindo informações diversas, é fundamental para um bom projeto.

SENAI: Sobre educação em design, o que vocês acreditam que deve ser feito para estimular os jovens a seguir a carreira de designer? A Pininfarina investe na formação acadêmica? Como isso acontece?

Trevisan e De Lise: Temos contato direto com o mundo acadêmico, alguns de nossos designers são professores em diversas instituições. Também damos a oportunidade de formação a jovens estudantes, oferecendo um período de estágio na Pininfarina, sendo que os melhores têm a chance de ser efetivados como designers. Colaboramos também em projetos específicos, como por exemplo o Design Ability, um trabalho de pesquisa e design sobre deficiências no qual, além de expor os projetos, fomos convidados a trabalhar com o Politecnio de Torino, o Instituto Europeu de Design e jovens designers de todo o mundo, a partir de um concurso aberto.

SENAI: Que bases para a formação de profissionais são necessárias a uma escola de design?

Trevisan e De Lise: Um estreito trabalho de integração entre escola e empresa, de forma a permitir que o estudante compreenda, desde o início de sua formação, as exigências do mundo profissional. Além disso, o programa de estudo deve ser bastante flexível e, portanto, sempre atualizado com base nas novas tecnologias de que o designer fará uso para satisfazer as necessidades das empresas.

SENAI: Como surgiu a Pininfarina? Sabemos que vocês não desenvolvem apenas automóveis. Que outros segmentos lhes são mais significativos?

Trevisan e De Lise: A Pininfarina nasceu como um pequeno grupo de artesãos dedicados à construção de carros em séries limitadas até se transformar em uma verdadeira indústria. Ao longo das décadas, tornou-se uma empresa de serviços voltados 360 graus ao setor automobilístico, não somente em design, mas também na engenharia e produção. A partir da década de 1980, essas competências passaram a ser aplicadas em outros setores além do automotivo, com a fundação em 1986 da Pininfarina Extra. Ela se ocupa do design de produtos, de interiores, de móveis, arquitetura, náutica, aeronáutica, design gráfico e comunicação.

SENAI: Que projetos vocês destacariam como exemplos da criação da Pininfarina?

Trevisan e De Lise: Não é fácil escolher um projeto entre tantos, pois cada um tem sua história especial. Portanto, destacamos o primeiro e os dois últimos. Nossa primeira atuação com o mundo industrial foi junto à fabricante italiana de cozinhas Snaidero e que, ao curso de 20 anos, testemunhou o nascimento de muitos modelos de sucesso, incluso o lendário Ola, hoje reinterpretado e reapresentado ao mercado com o nome Ola20, festejando os 20 anos de colaboração contínua. Como contraponto a esse projeto, citamos o exemplo de dois recentes. Para o Estádio Juventus, realizamos o design de interiores – arquibancadas, salão de honra, área de restaurantes e palco. E o Tourbillon Ottanta, relógio exclusivo com tiragem limitada, projetado para a relojoaria Bovet.

❝ **MATTEO DE LISE**

Formado em economia pela Universidade de Turim, tem cursos pela Harvard Business School. Atualmente, é o diretor de marketing e vendas da Pininfarina Extra, onde desde 2005 dirige toda a área de novos negócios internacionais. Matteo também é responsável por toda a parte de trademark e de propriedade intelectual dos produtos Pininfarina Extra.

❝ **PAOLO TREVISAN**

Formado em arquitetura pelo Politecnico di Torino, é o chief designer da multinacional italiana Pininfarina Extra. Na empresa desde 2000, Paolo é responsável pelo controle de todos os processos da cadeia de design de produtos Pininfarina Extra, desde as etapas de pesquisa e análises até a fase de protótipos e o plano de marketing dos produtos. Paolo também desempenha o cargo de coordenador master do Instituto Europeu de Design, organização para a qual trabalha desde 2001.

Prototipa-
gem rápida

Na evolução da arena global dos mercados, é imperioso que se desenvolvam produtos inovadores que superem as expectativas, e que, associados a custos, prazos e a qualidade, serão determinantes na expansão da empresa.

Para obter economia de escala e escopo por meio da padronização internacional, o empresário deverá buscar tecnologias que o auxiliem neste processo.

O Design é um componente estratégico para melhorar a competitividade e agregar valor aos produtos, mas a acessibilidade às tecnologias facilitam e aceleram o processo produtivo.

Os empresários enfrentam questões preocupantes quando a questão é desenvolvimento de produtos, desafios como gestão do capital intelectual, gerenciamento adequado de projetos, decisão nos investimentos, entre outros. Necessidades como sobrevivência da organização localizam-se na interface entre a empresa e o mercado e atender a estas expectativas (qualidade e custo), desenvolvimento no tempo adequado, manufaturabilidade,e gerenciamento adequado do processo de desenvolvimento.

O DESENVOLVIMENTO DO PRODUTO PASSA PELAS SEGUINTES FASES:

→ Conceitual − Necessidades do mercado, possibilidades tecnológicas e viabilidade econômica;

→ Planejamento do Produto − Traduz o conceito em premissas concreta (estilo, layout e escolha de componentes) − modelos de avaliação (modelos conceituais em Prototipagem Rápida);

→ Engenharia de Produto − Transforma as informações anteriores em especificações – Detalhamento do Produto (CAD, CAE, CAM Prototipagem Rápida etc);

→ Projeto de Processo – Fluxo do processo, ferramentas, equipamentos, treinamentos, procedimentos etc.;

→ Produção Piloto – Produção para teste, homologação e testes das condições de produção normal;

→ Produção – disponibilização do produto no mercado.

Muitas vezes implantar esta cultura dentro da empresa está mais ligado aos custos que propriamente à resistência empresarial.

Estabelecer uma relação adequada entre o que é custo simplesmente e o que é investimento faz parte de uma boa gestão.

Dentre as várias ferramentas disponíveis, a Prototipagem Rápida e/ou Manufatura Rápida, com as diversas tecnologias existentes no país hoje, vem auxiliando as empresas nas diversas fases do desenvolvimento dos produtos.

Quando o assunto é design, com a tecnologia de prototipagem rápida obtemos um produto físico que apresenta a forma. Já na engenharia do produto, conseguimos avaliar a sua funcionalidade e possibilidades de uma boa construção do ferramental.

O QUE É PROTOTIPAGEM RÁPIDA E OU MANUFATURA RÁPIDA?

"Prototipagem Rápida"

É a reprodução tridimensional de uma peça de qualquer forma, a partir de uma descrição numérica (normalmente um modelo CAD) por meio de um processo rápido, altamente automatizado e totalmente flexível, sem necessidade de ferramental.

"Manufatura Rápida"

É o uso de tecnologias para fabricação aditiva (Prototipagem Rápida) para a produção direta de produtos ou peças.

"Ferramental Rápido"

É o uso de tecnologias para fabricação aditiva (Prototipagem Rápida) para a produção direta de moldes.

Desde o seu surgimento, o termo tem migrado para Manufatura Rápida por ser mais abrangente.

No mercado existem vários tipos de prototipadoras. Apesar de serem sistemas diferentes de fabricação, basicamente o processo para obtenção do protótipo é:

→ Criação de modelo matemático;

→ Conversão para modelo de triângulos (STL – Stereolithograph);

→ Divisão da malha em finas fatias que caracterizam o objeto;

→ Criação física do modelo;

→ Acabamento do modelo.

A MANUFATURA RÁPIDA POSSIBILITA:

→ Solução para sistemas complexos;

→ Liberdade de projeto sem se preocupar com as restrições de processos (injeção plástica: ângulos de saída, paredes finas, reentrâncias e os problemas do processo propriamente dito);

→ Soluções personalizadas rapidamente;

→ Integração de componentes e montagens complexas;

→ Baixa produção;

→ Custos;
→ Tempo curto de produção do ferramental;
→ Prova de ferramental;
→ Lote piloto;
→ Customização de produtos;

POR QUE USAR PROTOTIPAGEM RÁPIDA?

A prototipagem rápida foi criada em 1988, com os seguintes objetivos:

→ Diminuir o tempo de desenvolvimento de um produto;

→ Minimizar problemas de engenharia como encaixes, montagens, interferências;

→ Aumentar a vida do produto criando alterações na fase de criação de *design*;

→ Reduzir o tempo de construção de um protótipo convencional.

Nos últimos anos as aplicações estão crescendo, com a oferta de novos sistemas e maiores opções de materiais que se aproximem mais do produto final.

O SENAI HOJE

O SENAI conta hoje com vários equipamentos de prototipagem rápida instalados em suas diversas unidades, atendendo aos alunos em sua formação, e na prestação de serviços às empresas, ou pessoas interessadas.

"

**MARJORI
LUENGO GALLO**

Designer, atua no desenvolvimento de produtos na Escola SENAI Mario Amato. Pós-graduada em História da Arte pela FAAP - Fundação Armando Alvares Penteado. É especialista em Design de Embalagem pela ESPM - Escola Superior de Propaganda e Marketing e Máster em Design de Produto pelo IED - Instituto Europeu de Design.

124

Qual o real futuro da embalagem?

EM UM MUNDO NO QUAL O TRADICIONAL COMERCIAL DE 30" NO HORÁRIO NOBRE DA TV ESTÁ COM OS DIAS CONTADOS AS MARCAS ESTÃO SENDO OBRIGADAS A REPENSAR AS DIFERENTES FORMAS DE TOCAR O CONSUMIDOR.

Qual o real papel da embalagem nos dias de hoje? O que nos primórdios nasceu como um simples envoltório protetor e veículo de produtos, passou a ser, na era das marcas, um vital mini-outdoor no ponto de venda e um instrumento de atração e desejo. Mas na competitiva e instantânea era global-digital a embalagem que se preze continua evoluindo para ser algo mais, ir mais longe.

Obviamente a exposição do conceito de um produto, a força da visibilidade, a coerência da arquitetura da marca e a qualidade das imagens apresentadas sempre terão extrema importância para uma embalagem. Mas atualmente podem não ser suficientes para gerar a preferência do consumidor, e este é o nome do jogo!

Em um mundo no qual o tradicional comercial de 30" no horário nobre da TV está com os dias contados, (...) no qual a comunicação digital provou que veio para ficar e o tsunami das chamadas mídias sociais comprovaram seu poder e velocidade de comunicação avassaladores, as marcas estão sendo obrigadas a repensar as diferentes formas de tocar o consumidor. E por que a embalagem deveria ficar de fora dessa reflexão? Qual será seu papel no meio dessa mudança radical de meios de comunicação?

Em 2010, a embalagem falou! Milhões de pessoas no Brasil foram surpreendidas pelo lançamento da nova lata Skol que fala, uma ideia criativa instigante que motivou milhares de consumidores a comprar cerveja com segundas intenções. Skol criou, em plena Copa do Mundo, uma ação promocional com uma embalagem, um uso novo que amplia os questionamentos sobre o papel, extensões e limites de uma embalagem para o mercado de massa.

MAIS DO QUE ISSO, SERÁ QUE A EMBALAGEM, TIDA POR MUITO TEMPO COMO UMA PEÇA ISOLADA NA ESTRATÉGIA DE COMUNICAÇÃO DE UMA MARCA, PASSOU A SER O PRINCIPAL ELO DE LIGAÇÃO ENTRE VÁRIOS MEIOS?

Será que ultrapassamos a fronteira de a embalagem ser ao mesmo tempo o envoltório, a distinção da marca e a diferenciação do produto para se tornar o centro da comunicação da marca? Mais do que isso, será que a embalagem, tida por muito tempo como uma peça isolada na estratégia de comunicação de uma marca, passou a ser o principal elo de ligação entre vários meios?

As respostas destas perguntas, que nada têm de simples, estão necessariamente ligadas à construção da linguagem de marca e à transformação de criatividade em inovação.

Sabemos que no mercado de massa a embalagem é capaz de definir compra e preferência, sendo muitas vezes a única peça de comunicação de uma marca. Por toda essa importância, acreditamos que o agente responsável por gerar empatia do consumidor pela marca no PDV não é puramente uma embalagem, mas sim uma linguagem de marca forte e única, capaz de se diferenciar dentre tantas opções disponíveis hoje, com cada vez menos diferenciais técnicos de produto e rápidas respostas por parte da concorrência.

Linguagem de marca nada mais é do que um conceito visual definido pela da união de vários recursos de design (cor, tipografia, material, formas, imagens, dentre outros) que comunica de forma rápida e efetiva para o público alvo os valores e a personalidade da marca, assim como seus benefícios funcionais e emocionais. Não se trata nem de longe de uma colagem de elementos tradicionais de uma embalagem como logo, imagens de produto e elementos decorativos e sim da tradução gráfica do posicionamento da marca, que deveria ser tão perene quanto este.

Por falar em perene, a busca por encantar e surpreender o consumidor deveria ser o maior objetivo de qualquer agência de embalagem. Parece uma afirmação óbvia, mas todos sabemos quão árdua é esta tarefa de encantar e deixar literalmente de queixo caído a pessoa mais importante para a marca: o consumidor. Transformar criatividade em inovação é a única fórmula que pode nos fazer sair do tão odiado lugar comum. Por que alguém pensou que a embalagem poderia falar? E que uma embalagem de roupa pudesse virar cabide? Será que em pouco tempo a embalagem de um sabão em pó também vai poder se dissolver na água?

Além disso, um toque de ousadia pode fazer com que a linguagem, que é única e particular de cada marca, se estenda para fora dos limites do envoltório e estabeleça outros tipos de conexões com o consumidor. Só uma importante peça de comunicação tem o poder de falar diretamente com o seu alvo e, ainda melhor, fazer com que ele continue sua experiência com a marca em casa ou em qualquer outra mídia.

Falar? Não estamos aqui nem de longe imaginando que todas as embalagens devam literalmente conversar para conseguir se comunicar com seu consumidor. Mas uma embalagem vencedora é ao mesmo tempo autêntica e surpreendente e é capaz de encantar seus consumidores muito mais rápido do que seus concorrentes. Como fazermos então para criar embalagens vencedoras? Que tal começarmos a abrir a cabeça para coisas novas e a planejar uma linguagem única?

ALESSANDRA BARONNI GARRIDO

Iniciou sua carreira na área de marketing na Unilever do Brasil e Unilever do México por sete anos, liderando projetos de inovação e comunicação para marcas como Omo, Lux, Vasenol e Dove. Fundou a DesignAbsoluto em 2002 e hoje é responsável por todo o planejamento das marcas de projetos nacionais e internacionais para Unilever, Avon, Ambev, Hershey's, Bauducco, Whirlpool, Campari do Brasil dentre outros. É professora da pós-graduação do curso de Design de Embalagem da FAAP.

ADRIANA GAETA BERNARDI

É designer com mais de quinze anos de experiência, e hoje atua de forma independente como Consultora em Design. Foi durante seis anos diretora de criação da Design Absoluto. Trabalhou em grandes empresas como Made in Brasil, a10 Design, AlmapBBDO, Brand Group. Desenvolveu projetos para clientes como Avon, Ambev, Unilever, Hershey›s, Bauducco, Whirlpool, dentre outros. Sua formação profissional inclui pós-graduação em História da Arte pela FAAP e cursos na School of Visual Arts (NY) e Fundação Getúlio Vargas.
 É professora do curso de pós-graduação em Design de Embalagem da FAAP.

A identi-dade das micro e pequenas empresas

IDENTIDADE CORPORATIVA É O CONJUNTO DE ATRIBUTOS QUE TORNA UMA EMPRESA ÚNICA, DIFERENTE DE TODAS AS OUTRAS. ESSAS CARACTERÍSTICAS NÃO SÃO FÍSICAS, MAS ABSTRATAS.

Não é raro os conceitos de identidade e imagem corporativas serem confundidos no âmbito das grandes empresas. No caso das micro e pequenas, o equívoco pode trazer resultados até mais sérios. Para compreender melhor o alcance das consequências da má gestão da identidade, é necessário primeiro que se apresentem as definições.

Identidade corporativa é o conjunto de atributos que torna uma empresa única, diferente de todas as outras. Essas características não são físicas, mas abstratas; tratam de definir a empresa por meio de atributos do seu caráter. Segundo a filosofia clássica, esses atributos podem ser de dois tipos: *essenciais* ou *acidentais*. Os atributos *essenciais*, como o nome diz, definem sua essência; sem eles, a empresa não seria quem é. Por exemplo: se a empresa é informal e amigável, uma atitude sisuda a tornaria irreconhecível, descaracterizando-a. No caso de uma pessoa, ocorre algo parecido. Se o bebê é muito curioso, provavelmente será um jovem perguntador e um velhinho indiscreto. A essência da empresa permeia toda sua vida, tendendo a ficar cada vez mais definida e refinada.

Já os atributos *acidentais* ajudam a descrever a empresa em determinado momento, porém mudam ao longo da história sem comprometer sua identidade. Assim, a organização pode estar insegura com o lançamento de um produto, mas tão logo a situação se resolva, esse atributo mudará. A marca gráfica (que alguns denominam logomarca) é um bom exemplo de atributo acidental; as marcas mudam ao longo da vida da empresa sem que a essência seja alterada (em alguns casos, quando a empresa não se conhece, o símbolo, inclusive, contradiz a essência da organização). Os atributos acidentais ajudam a delinear a empresa e a compreender o seu momento atual, mas não são a sua essência. A identidade corporativa pode ser entendida como o DNA da organização, o que ela realmente é.

Agora, a imagem corporativa é bem diversa da identidade: se a identidade é o que a empresa é, imagem é o que ela parece ser, e nem sempre essas duas coisas são compatíveis. Sobre a imagem de uma empresa não se tem controle, apenas influência. Isso acontece porque a imagem está na cabeça das pessoas, portanto, fora do alcance. Uma boa metáfora é imaginar a imagem como uma tela em branco, sobre o qual as pessoas vão montando a imagem da empresa como se fosse um jogo de quebra-cabeças. Quem fornece as peças é a própria empresa, com suas ações e comunicações. Assim, quando um estagiário conta para seus amigos sobre fatos ocorridos no escritório, ele está espalhando peças. Um telefonema bem atendido, um anúncio de revista, uma reportagem, um veículo da frota desrespeitando um sinal de trânsito, um cartão de visitas, tudo isso são peças que as pessoas vão reunindo para montar a imagem. Se uma empresa não controla as peças que distribui, poderá ter influências negativas ou irreais na construção da sua imagem.

Com frequência, os gestores da empresa, mesmo com a melhor das intenções, acabam enfatizando atributos que não refletem com fidelidade a essência da organização. O equilíbrio entre o que a empresa é e o que ela parece ser fica prejudicado: em um momento, a comunicação enfatiza um aspecto, em outro, uma ação o contradiz. O mercado, os fornecedores, os colaboradores e até os acionistas percebem, mesmo que inconscientemente, essas incoerências. O resultado é que a empresa vai perdendo pouco a pouco a sua credibilidade e importantes negócios.

Na melhor das hipóteses, esse comportamento a impedirá de crescer e desenvolver todo o seu potencial, além de desperdiçar recursos preciosos. Um exemplo clássico: a organização tem o perfil predominantemente conservador (apesar de pouquíssimas admitirem, esse é o perfil da esmagadora maioria das empresas), observado tanto na organização do ambiente de trabalho como na gestão de pessoas. Então, ela contrata uma agência de propaganda que lhe propõe uma campanha moderna, cuja palavra-chave é inovação. Gastam-se milhões em outdoors, anúncios em revistas e filmes para TV. Só que, quando o consumidor tem um contato real com a empresa (atendimento ao cliente, ambiente, postura dos colaboradores e comunicação com a imprensa, todos bem convencionais e nada ousados), a impressão é a de que a publicidade não representa de fato a filosofia corporativa. Não é esse tipo de ação que se espera de uma empresa que quebra paradigmas e ousa desafiar o que já está funcionando – como dizia sua campanha publicitária. O consumidor fica confuso, percebe que as peças não se encaixam na sua cabeça e acaba sendo negativamente impactado pela propaganda, desconfiando, com razão, do que está sendo comunicado.

Se a empresa se conhecesse melhor e não se deixasse levar por modismos, contrataria a agência para encontrar incríveis vantagens em ser conservador, como tradição, segurança e credibilidade. O consumidor ficaria mais seguro e não se sentiria enganado. E a organização faria melhor uso do seu dinheiro.

Com sites, blogs e qualquer outro tipo de mídia é a mesma coisa. Tudo deve refletir a identidade da empresa, sua essência. Sem isso, não há nenhum benefício em mantê-los, uma vez que criam confusão na cabeça do consumidor e não contribuem para consolidar a marca.

A grande questão é que empresas grandes distribuem milhões de peças de quebra-cabeças para construir sua imagem todos os dias; se alguma não se encaixar, o quadro geral fica um pouco prejudicado, mas não compromete o entendimento.

Já uma empresa pequena distribui peças em quantidades bem menores, pois tem menos acesso ao mercado, menos colaboradores e menos canais de comunicação. Por isso, é fundamental o cuidado com cada uma delas; qualquer ruído, desencaixe ou desentendimento, pode trazer consequências bem sérias para a credibilidade da organização.

O primeiro passo para ações e comunicações bem alinhadas na distribuição de peças é o autoconhecimento. Afinal, se a empresa não sabe exatamente quem é, como pode comunicar sua essência de maneira coerente?

"LÍGIA FASCIONI

É Engenheira Eletricista, Mestre em Automação e Controle Industrial, Especialista em Marketing e Doutora em Engenharia de Produção e Sistemas na área de Gestão do Design. Atuou por dez anos em empresas de base tecnológica, principalmente nas áreas de automação, robótica e aviônica, passando depois a trabalhar na área de marketing corporativo e consultoria. Autora dos livros "Quem sua empresa pensa que é?" (2006), "O design do designer"(2007), "Atitude Profissional: dicas para quem está começando"(2009) e "DNA Empresarial"(2010); mantém um site com material sobre design e marketing (www.ligiafascioni.com.br) e outro sobre atitude profissional (www.atitudepro.com.br), além de colaborar como colunista em portais e sites nacionais e internacionais. Atua como palestrante, consultora de empresas e ministra disciplinas de graduação e pós-graduação em cursos de marketing e design.

Senai-SP: ações de estímulo

DOIS GRANDES EVENTOS FORAM REALIZADOS PARA VALORIZAR O DESIGN E SUAS INTER-RELAÇÕES COM NOVAS TÉCNICAS, MATERIAIS ALTERNATIVOS E TECNOLOGIA DE PONTA.

PRÊMIO SENAI-SP EXCELLENCE DESIGN E MOSTRA SENAI-SP DE DESIGN 2010

Comemorando pouco mais de um ano de atuação no SENAI-SP, tivemos a satisfação de articular, durante esse semestre, dois grandes projetos com o claro intuito de valorizar o design e suas inter-relações com novas técnicas, materiais alternativos e tecnologias de ponta, na concepção e no desenvolvimento de produtos entre os mais variados segmentos da nossa indústria.

Um desses projetos refere-se à 1ª edição do **Prêmio SENAI-SP Excellence Design**, conferido a empresas e profissionais do Estado de São Paulo que investem no design como elemento estratégico e diferenciador de sua atividade produtora. Suas premiações *Ouro*, *Prata* e *Bronze* se referiram às quatro seguintes categorias: *Ambientes* (Móveis, Iluminação, Eletrodomésticos, Objetos, Elementos de construção e Mobiliário urbano); *Corpo* (Acessórios do corpo, Cuidados pessoais e Cuidados com a saúde); *Inter-relações* (Lazer, Transporte, Eletrônicos, Comunicação e Embalagem); e *Transformação* (Ferramentas e Máquinas). Foram premiados ainda produtos nas cinco classificações especiais: *Design Sustentável, Design Universal, Material, Inovação* e *Voto Popular.*

Os vencedores foram escolhidos, entre um total de 52 produtos inseridos no mercado a partir de 2007, por um júri composto de representantes de instituições de ensino e pesquisa e especialistas em design, a saber: Auresnede Pires Stephan (o professor Eddy, consultor e curador de vários prêmios de design), Adriana Gagliotti Fortunato (curadora do Projeto Brasil-Itália), Ernesto Harsi (Associação dos Designers de Produto - ADP), Roberto Galisai (POLI.design-Brasil), Joice Joppert Leal (Associação Objeto Brasil), Marici Vila (Origem Produções), professor Milton Francisco Júnior (FAAP), Roberto Fleury (Segmento Comunicação e Design) e Susana Serrão Guimarães (Instituto Nacional da Propriedade Industrial - INPI).

Por sua vez, os 52 finalistas haviam sido selecionados, numa primeira etapa, em agosto passado, e, além dos troféus destinados aos vencedores, todos receberam o Selo SENAI-SP Excellence Design, integraram exposição no mês de novembro, no Espaço FIESP (à Av. Paulista, 1313, em São Paulo) e compuseram o *Catálogo do Prêmio SENAI-SP EXCELLENCE DESIGN,* publicado nas versões impressa e digital.

Com tal evento, pretendemos instigar a reflexão sobre a complexidade dos estudos, cálculos e opções por materiais, tecnologias e acabamentos que precederam a concepção desses produtos e que prosseguem influenciando o acolhimento deles pelo consumidor. E seja como fator de melhoria dos mais variados ambientes utilizados pelas pessoas, das relações e da comunicação entre elas, do cuidado com o corpo ou ainda como ferramenta de construção e transformação do cotidiano, nosso propósito aqui foi contribuir também para a difusão do design entre o público paulista.

Assim, somos profundamente gratos ao empenho dos jurados, designers e industriais que atuaram firmemente conosco na edificação desse projeto, pois sem eles essa premiação perderia em muito a sua importância. E apostamos que, nas próximas edições, essa participação se amplie ainda mais.

DA REFERÊNCIA À TENDÊNCIA, COMO O DESIGN É PERCEBIDO

Outro projeto de razoável alcance desenvolvido durante esse ano resultou, em novembro, na **Mostra SENAI-SP de Design 2010**, com 180 peças dispostas em três grandes módulos também no Espaço FIESP.

Em conformidade com o conceito "Da referência à tendência, como o design é percebido", quisemos oferecer ao público a oportunidade de reconhecer peças com forte apelo de design desenvolvidas e produzidas há quase um século, nos dias de hoje e projetadas para daqui duas décadas.

Assim, um primeiro módulo reuniu 20 peças clássicas do acervo do Museu de Arte Moderna de Nova York (MoMA) adquirido pela FIESP em 1979 e que se tornaram ícones do design internacional. Escolhidas para essa mostra segundo os critérios de utilidade, qualidade e significado histórico, elas continuam presentes no nosso dia a dia e, ao que tudo indica, prometem fazê-lo ainda por muito tempo, tendo em vista que apontaram caminhos e tendências em design adotados por profissionais em todo o mundo.

O segundo núcleo da mostra reuniu 150 produtos esportivos, de mobiliário, construção civil e vestuário, entre tantos outros setores industriais, criados por designers, desenvolvidos por indústrias no estado de São Paulo e dispostos desde 2008 no mercado. Eles são exemplos indiscutíveis da atual vitalidade experimentada pelo design no País e do constante aperfeiçoamento da atividade industrial.

Por fim, no terceiro núcleo foram apresentados 13 projetos de soluções em design assinados por especialistas para situações que eles imaginam ocorrer em 2030. A proposta aqui foi instigar esses designers a um exercício na área para daqui a duas décadas, incluindo, por exemplo, informações sobre os materiais e processos de fabricação a serem adotados, o contexto em que os projetos serão inseridos e seus potenciais usuários.

Tamanha diversidade de proposições – desde a aparente simplicidade de uma solução gerando grande resultado até o envolvimento do mais complexo grau de tecnologia – foi intencional, no sentido de aproximar o público do dinâmico universo do design, e está devidamente assinalada no *Catálogo da Mostra SENAI-SP de Design 2010 – Da referência à tendência, como o design é percebido*, em suas versões impressa e eletrônica.

Nesse sentido, em nome de toda a equipe do SENAI São Paulo Design, registro aqui, uma vez mais, nossa imensa gratidão aos inúmeros colegas e parceiros profissionais, especialistas e empresários que colaboraram ativamente para viabilizar a Mostra SENAI-SP de Design 2010 e tornar mais conhecido o amplo leque de contribuições do design ao nosso bem-estar e qualidade de vida.

SHEILA BRABO

Professora, artista plástica, designer. Especializada em gestão de design. Responde, atualmente, pela gerência do SENAI São Paulo Design. Foi gerente do Centro São Paulo Design – CSPD, Coordenadora Executiva Programa São Paulo Design, da Secretaria da Ciência, Tecnologia e Desenvolvimento Econômico do Estado de São Paulo, Professora e Membro da Comissão de Atividades Culturais da Faculdade de Comunicação, Arquitetura, Letras e Artes da Universidade de Marília – Unimar; Professora e Coordenadora Pedagógica da Secretaria da Educação do Estado de São Paulo e Professora de Artes Plásticas e de Música do Colégio Criativo de Marília.

142

Sustenta-bilidade: o novo capitalismo

Esquecida a superexcitação dos sensos que caracterizou os anos 1980, passando pela inspiração copy+paste dos anos 1990, o mundo hoje privilegia cada vez mais os conceitos de Simplicidade, Originalidade e Sustentabilidade. Em outras palavras, usando um slogan corporativo muito conhecido, vivemos em uma era repleta de "Sense and Simplicity". Desta forma, este texto pretende discorrer sobre as origens e atualidade da última dessas três grandes macrotendências sócio--culturais, a da Sustentabilidade, focando como ela está sendo aplicada no design.

ORIGENS

Encontramos alguns indícios da origem da tendência Sustentabilidade na grande acolhida ao livro de Paul Hawken "Natural Capitalism: Creating the Next Industrial Revolution" (n.1997), que foi o pioneiro na divulgação do conceito de práticas de negócios sustentáveis. Por esta razão, não é à toa que atualmente a mídia europeia trata a Sustentabilidade como a 3ª Revolução Industrial, já que o Capitalismo Natural tem o ambiente como estratégico e objetiva produzir mais com menos, redesenha as lógicas industriais sobre um modelo que exclui o desperdício e a produção de sobras, joga a economia contra um fluxo de valores e serviços e investe na proteção e espansão do capital natural.

Já no design contemporâneo o iniciador dessa tendência, a nosso parecer, foi o grupo holandês Droog Design (n.1993), já áquela época identificado com a ingenuidade e a essencialidade, apresentando uma estética minimalista coerente com a tradição holandesa e que fornecia todos os elementos de um novo manifesto no design industrial. Foi este grupo que começou a tornar visíveis à massa crítica o uso de materiais recicláveis e as tecnologias explicitamente baixas, mas ainda acompanhadas de preços elevados. Tornaram-se o símbolo internacional de um novo approach baseado na subtração "rohiana" (Less is More) e de um design politicamente correto, limpo mas ao mesmo tempo longe de parecer "pobre", como por exemplo os Soft Vases (vasos simples para flores, mas de poliuretano macio), da designer Hella Jongerius. Na metade dos anos 1990 os sinais, que eram esparsos, começaram a sedimentar-se na cultura, tanto que em 1995 a trend forecaster Lidewij (Li) Edelkoort propôs, em uma incisiva apresentação na conferência Doors of Perception, o uso de fibras naturais, móveis de inspiração espartana, materiais recicláveis e sabonetes transparentes. Sua intervenção descrevia um mundo que desejava menos coisas mas melhores, mais claras, mais confiáveis.

ATUALIDADE

Jeremy Rifkin, presidente da Fundação de Tendências Econômicas de Washington e Conselheiro da União Europeia, publicou recentemente em seu livro "La Civiltá dell'Empatia" que o espaço econômico também começou a abrir-se para uma espécie de Capitalismo Distribuído, ou Socialismo Cooperativo, e cita os quatro pilares desta nova Revolução Industrial:

1ª Uso de energias renováveis

2ª Cada habitação (casa, edifíco, escola) torna-se uma pequena central energética

3ª Investimentos na pesquisa sobre hidrogênio, para estocar energia assim como armazenar os dados digitais

4ª Devemos usar a mesma energia que criou a internet para produzir energia nos nossos países e criar uma rede comum. O cenário é feito de milhões de pessoas que produzem localmente, nos próprios edifícios, a energia. Estocam sob a forma de hidrogênio e quando não serve a compartilhem, distribuindo em uma rede inteligente, assim como fazemos com a informação online.

Em sua previsão, cada pessoa se tornará um pequeno empreendedor compartilhando o que produz. É o fim da lucratividade desmedida das grandes corporações de serviços de luz e gás, por exemplo, mas é o início de uma sociedade mais justa. Em outras palavras, é a migração lenta mas certeira do Capitalismo dito "Selvagem" ao Capitalismo Natural.

Em relação à Sustentabilidade no design, sabemos que as tendências levam um tempo para se manifestar porque dependem de inúmeros fatores, como o código cultural, a inovação dos materiais e processos, por exemplo, e podem ou não maturar. Tudo depende de o receptor a compreender e a aceitar. Mas, paradoxalmente, a última crise econômica favoreceu a irrupção dessa tendência porque originou muita inventividade, algumas descobertas e grandes estratégias corporativas, causando respostas industriais muito corajosas, que se aliaram ao impacto social, ao meio ambiente e às exigências dos utilizadores reais, ou seja, validaram a sustentabilidade como essencial para qualquer tipo de projeto industrial.

Como resposta concreta a esta seleção, a Milan Design Week 2010 foi voltada quase que exclusivamente a tratar dos temas concernentes a Sustentabilidade e à Experiência Sensorial, que aliou-se finalmente à **Simplicidade** e à **Originalidade** solicitadas por Droog Design, Li Edelkoort e tantos outros, mesmo que depois de quase quinze, vinte anos de espera. O que ficou evidente é que a **Sustentabilidade**, o **Compartilhamento** e o **Sentimento** se tornarão prioridade em nossas casas, criando novas atmosferas.

Um sofá, além de industrializado com materiais e processos ecológicos, sofrerá uma transformação cromática graças ao calor do corpo e o desenho do tapete aos seus pés mudará com o tempo e a umidade (ou o humor!). O sentimento será uma variável expressiva e um código de leitura. Estaremos circundados de objetos inteligentes, ecocompatíveis, intensificando a experiência com os outros. A tecnologia suportará a função e o aproveitamento, mas será discreta. Estará presente, mas não se mostrará, de forma a não intimidar o usuário.

Então, se por culpa da crise econômica ou da percepção que o cambiamento climático é real, a realidade é que agora a Sustentabilidade é uma macrotendência que dividirá o mundo entre os Consumers e os Nonsumers[1]. Lembrando sempre que o elemento da Sustentabilidade é apenas um fio condutor de tecido

---

1 Nonsumer: é um consumidor consciente, que adquire apenas produtos eco e/ou bio e/ou socialmente sustentáveis e apenas em caso de necessidade.

mais cultural do que industrial, e que, para ser efetivo, deve fazer parte do DNA da empresa e da sociedade que o gera, ou seja, é o resultado de um processo de anos, que obviamente funciona de forma muito simples nos países em que o "código cultural verde" é norma e não exceção. Os empreendedores e industriais não são benfeitores: o interesse econômico pode também aliar-se a uma política ambiental mais sábia do que a atual, mas a mudança radical, nos estilos de vida e nos métodos de consumo, devem vir no âmbito individual.

DESENVOLVIMENTO SUSTENTÁVEL E PRODUTO

Neste processo, os produtos que antes eram "do tipo usa e joga fora" como são industrializados e pensados de forma eco/bio, começam a ter história para contar, também porque tiveram um bom motivo para serem produzidos. Vê-se mais e mais pessoas (não mais tratadas como consumidores, aliás) querendo saber o porquê daquele objeto e, se possível, participar da experiência generativa. O senso verdadeiro das coisas, a sua originalidade, com a sua complexidade e diversidade entendidas como riqueza, não mais como diferenciação de status. O produto do "futuro já" tem uma forte carga emocional e ecológica, e dialoga, comunicando sensações e estímulos perceptivos.

O design se firma como catalisador de conceitos como biocompatível, econômico, essencial, ético, inovador, que não serão palavras de marketing e sim propriedades intrínsecas de um bom produto. Um produto que faz bem, que não agride a natureza nem ao usuário, que é democrático e que não escorrega ao luxo, mas, se assim for, será experimental, avizinhando-se à arte. O processo da criação de produtos agora foca em seu desenvolvimento sustentável, o que significa contemplar a satisfação dos desejos do presente sem comprometer as possibilidades das gerações futuras e é o que gera produtos, processos e serviços que são Ecológicos e/ou Biológicos, Energeticamente Eficientes, Certificados do Ponto de Vista Florestal e advindos de um Comércio Justo e Solidário.

Assim, deixamos como reflexão final, aos designers e empresários, que sigam as "tendências" advindas de nossa própria "natureza interna", ou da Grande Mãe, como gostava de citar Joseph Campbell, e comecem a pensar na criação de produtos que agreguem todas as variáveis acima e que, se possível, sejam pensados em um estúdio realizado com os princípios da bioarquitetura e propostos a um parceiro ou mercado receptivo às diretrizes constantes do Capitalismo Natural.

Esta não é uma nova onda New Age ou mesmo chamada de marketing. É simples ponderação, comedimento e respeito no uso dos recursos naturais que se extinguirão caso continuemos a racionalizar e produzir dessa forma inconsciente. Se a crise selecionou os comportamentos virtuosos, o cliente final, que já inicia uma reflexão de compra alinhada ao tema da sustentabilidade, vai selecionar a empresa que respeita o futuro de seus filhos. É uma questão de sobrevivência.

FAH MAIOLI

É designer e trend researcher. Mestre em Management of Creative Process na IULM (ITA), Especialista em Trendsetting pelo IED de Milão e em Design de Produto pela UCS, atua como pesquisadora e analista de tendências e cenários futuros para Tea Trends (ITA) e é docente de cursos na área do Design & Open Innovation (Unisinos). Hoje mora em Milão, mas durante os últimos quinze anos atuou como designer no Brasil, EUA, Peru e Argentina, sempre desenvolvendo novos materiais, produtos e parcerias comerciais voltadas para a indústria da construção civil e movelaria. Seu foco atual é a pesquisa, análise e desenvolvimento de produtos e processos GREEN. Possui um blog, onde publica algumas dicas e informações relacionadas a este tema: www.designtrendsteam.blogspot.com
Contato: fahmaioli@gmail.com

As mudanças do design industrial para um design sustentável

ENTREVISTA COM A DESIGNER SUZANA SACCHI PADOVANO, PELA CONSULTORA EM SUSTENTABILIDADE ADRIANA FORTUNATO, ESPECIALMENTE PARA O SENAI SÃO PAULO DESIGN.

Adriana: Em que aspectos o design marca presença na sociedade atual e qual é o papel do designer industrial hoje em dia?

Suzana: Por se tratar de uma atividade humana centrada na criação de objetos do nosso dia a dia, o design tem a ver com tudo o que tocamos, por exemplo, os itens existentes nas cozinhas (panelas, liquidificador, fogão, geladeira, talheres), vestuário (sapatos, bolsas, roupas), escritórios (canetas, mesas, computadores) e decoração (móveis, vasos, luminárias). Enfim, tudo o que se puder pensar foi desenhado por um designer.

O designer industrial, por sua vez, é um profissional multidisciplinar que lida com a conexão dos objetos e a nossa vida, estudando o usuário a partir de suas necessidades, desenvolvendo produtos como resposta a elas. Designers são pesquisadores e desenvolvedores de ideias e, como bem definiu Victor Papanek, em 1971: "Se eles devem ajudar a reinventar o mundo, precisam ter a coragem de tocar assuntos importantes, como a filosofia da qualidade, o limite dos recursos naturais, a identidade cultural, a biotecnologia, os desequilíbrios demográficos, as relações entre os países desenvolvidos e o Terceiro Mundo, o código de ética".

Adriana: Como você vê a atual situação desse profissional na sociedade pós-industrial?

Suzana: Embora o design possua território próprio nos dias de hoje, a realidade profissional na sociedade pós-industrial está assolada por um paradoxo. Apesar de conectada com cultura e tecnologia, arte e ciência, economia e comportamento humano, e associada a qualidade e responsabilidade, com propostas criativas para o futuro cheias de significado, ela procura ainda a sua identidade.

Vivemos uma fase de mudanças. O mundo experimenta uma grande crise. Os recursos naturais estão se esgotando, há explosão demográfica, violência urbana, miséria, fome, alienação social e grandes quantidades de poluentes liberados no mundo.

Alguns historiadores chamam esse período de "Renascença", pois acumulamos vasta quantidade de conhecimento e dispomos de ferramentas técnicas e científicas, mas ainda não sabemos aproveitar e compartilhar isso tudo.

Adriana: Qual é o papel do designer em relação aos aspectos intangíveis da forma e da função? Por exemplo, no que diz respeito à responsabilidade socioambiental do produto e ao pensamento sistêmico na criação?

Suzana: A complexa realidade atual precisa ser entendida de maneira global, e não mais apenas em termos locais, individuais ou do objeto. Portanto, a habilidade do designer de lidar com os aspectos humanos deve extrapolar o pensamento limitado à criação de objetos, de modo a refletir em termos de sistemas nos quais objetos, pessoas e relações possuem uma função dinâmica.

A transição de uma sociedade industrial para outra pós--industrial é lenta, mas profunda. Competição deve dar lugar à cooperação. A qualidade, e não a quantidade, deve ser seu principal objetivo – qualidade dos objetos, dos serviços, mas também qualidade do ambiente e da vida.

Não podemos continuar produzindo e consumindo como antes. Estamos muito mais conscientes e alertas sobre os recursos naturais, consumo de energia, impacto dos processos, ciclo de vida, reciclo e descarte dos produtos. Sabemos quão "fácil" é usar os recursos naturais e o quanto é difícil repô-los.

O DESIGN SUSTENTÁVEL REFERE-SE A FAZER COISAS QUE SE ENCAIXAM BEM, E POR LONGOS PERÍODOS DE TEMPO, NUM CONTEXTO ECOLÓGICO, SOCIAL, ECONÔMICO E CULTURAL.

<u>Adriana: E quais são as implicações dessa situação que vivemos?</u>

Suzana: Assim, essa fase de mudanças implica uma redefinição das ações do design, usando suas ferramentas visuais e criativas na concepção de produtos, mas também na solução de problemas em nível macro, notadamente pelo design estratégico e de serviços.

O Brasil passou recentemente a dar ênfase ao design sustentável. Concursos, prêmios e produtos têm pretendido alcançar essa categoria. Inúmeros artigos são escritos. Palestras, seminários e conferências internacionais aquecem o ambiente, sobretudo o acadêmico. Mas e o mundo real, como ele tem se comportado?

Adriana: Empresários, designers e usuários se mostram ativos nessa transição? Como avaliar se um produto é realmente sustentável? Ele pode até trazer certificações e marcas ambientais, mas como saber se elas são de fato verdadeiras?

Suzana: O design sustentável refere-se a fazer coisas que se encaixam bem, e por longos períodos de tempo, num contexto ecológico, social, econômico e cultural. É criar também comunidades conscientes. Citando Marco Capellini, não basta apenas criar um design ecológico, é necessário que essa qualidade seja informada ao consumidor. É muito importante fazer com que o consumidor se responsabilize pela escolha de sua compra. Ele deve saber reconhecer, comparar e escolher. Resumindo: em todas as atividades voltadas à sustentabilidade deve haver comunicação.

Adriana: Cabe ir além da comunicação sobre as ações de responsabilidade socioambiental das empresas para estimular a reflexão do consumo consciente?

Suzana: Sem dúvida, é necessário conscientizar os consumidores para que, antes de comprar um produto, eles se perguntem: "Quem o fabrica? Ele é ético? Qual o seu impacto na comunidade? O seu uso é seguro? Ele pode ser consertado ou reciclado? Faz parte de um serviço?"

Acrescente-se a isso uma política governamental pró-designers e pró-produtores para evitar que o sistema de produção e consumo local não seja corrompido pela oferta de produtos industriais importados, que utilizem mão de obra escrava, materiais insustentáveis e de baixíssimo custo. Evitar o que temos vis-

É MUITO IMPORTANTE FAZER COM QUE O CONSUMIDOR SE RESPONSABILIZE PELA ESCOLHA DE SUA COMPRA. ELE DEVE SABER RECONHECER, COMPARAR E ESCOLHER.

to por todos os lados, nos grandes supermercados: produtos sem design nenhum e, portanto, sem valor agregado.

Sejam as pequenas, as médias ou as grandes empresas, todas elas têm oportunidade de criar novos produtos sustentáveis, caracterizados por materiais, tecnologias ou serviços.

Adriana: Para que a proposta socioambiental faça parte do DNA da empresa, do designer e do consumidor, quais os próximos passos a serem dados para viabilizar esse processo de transformação?

Suzana: Acredito que os empresários devam reconsiderar a escala de valores herdada do capitalismo convencional para assumir uma nova visão de capitalismo natural. Como bem explica Paul Hawken, no livro "Capitalismo Natural", considerando o meio ambiente um conjunto que abastece e sustenta a economia, em particular os recursos naturais, é preciso eliminar o desperdício, transformar a relação com o consumidor, passar de uma economia de bens e aquisições para uma economia de serviços e fluxos, além de reinvestir em estoques de capital natural e produtividade dos recursos.

SUZANA MARA SACCHI PADOVANO

É designer industrial (Mackenzie, 1975); Mestre pela Rhode Island School of Design (Providence / RI / Massachussetts / USA, 1975 à 1977). Foi professora no Departamento de Projeto de Desenho Industrial, no Mackenzie, na Unip e na FAAP, e nesta última foi Coordenadora das Faculdades de Desenho Industrial e Moda até 2006. Proprietária do Studio de Consultoria em Design, Sacchi Designers e da marca Eccentrica de bijoux e joias. É membro do grupo do Brazilian Urban Designers for Sustainability. É Consultora de Design Industrial do NUTAU/USP - Núcleo de Pesquisa em Tecnologia da Arquitetura e Urbanismo da Universidade de São Paulo. É diretora da Padovano Arquitetura em Rede Ltda.

Tendências e design: identificando oportunidades

SUBMETER A CRIÇÃO ÀS TENDÊNCIAS DENOTA FALTA DE CRIATIVIDADE? PARA MUITOS DESIGNERS, SIM.

A relação do campo do design com o conceito de tendência não é das mais tranquilas (com a óbvia exceção do design de moda), especialmente quando se fala de produto propriamente dito, coração da disciplina. Alguns designers e estudiosos tendem a se contrapor à ideia de uma criação submetida às tendências – frequentemente entendidas como tendências do mercado –, o que denotaria, exatamente, falta de criatividade. Assim, seguir tendências seria o supremo pecado do designer e um beco sem saída para a verdadeira inovação. Apenas para registro, é sintomático que esse discurso seja *ipsis literis* o dos designers de moda que se pretendem criadores, ou vetores de novas tendências (perdoadas, então, desde que sirvam apenas aos outros).

Voltando duas páginas de história, nos anos 1990 discutiu-se muito, sobretudo nas academias europeias, se o sistema design devia aproximar-se do sistema moda ou colocar suas barbas de molho contra a perceptível aceleração do ciclo de vida dos produtos que as marcas que inventaram o *fast fashion* começavam a realizar. Na Itália, especialmente, o debate era acalorado, e títulos como "Contra a Moda" chegaram a surgir. Mas o rolo compressor do consumismo que se instaurou desde então, passada a crise econômica dos primeiros anos da década, não deixou muito espaço nem vontade para reações, ao menos nos níveis midiático e institucional do sistema design. De fato, a aproximação entre design e moda tornou-se bastante evidente. O design tomou para si algumas das regras de funcionamento do sistema moda, como sua espetacularização em grandes eventos do setor; a aceleração das mudanças perceptíveis no produto por meio da incorporação de tendências estéticas de curto ou de curtíssimo prazo na projetação; a fabricação de um *star system* interno ao próprio campo; a democratização do acesso ao design por parte de amplas camadas da população etc. Essa discussão retoma, agora,

O ROLO COMPRESSOR DO CONSUMISMO QUE SE INSTAUROU DESDE ENTÃO, PASSADA A CRISE ECONÔMICA DOS PRIMEIROS ANOS DA DÉCADA, NÃO DEIXOU MUITO ESPAÇO NEM VONTADE PARA REAÇÕES.

com mais força, pois se insere no questionamento do consumo que a cultura contemporânea aos poucos está se propondo a realizar, como contraponto necessário à emergência de uma consciência ecológica responsável, alojada no amplo guarda-chuva da "sustentabilidade".

Tomando por outro ângulo, na base da questão ou dos equívocos em relação às tendências, está o próprio entendimento que se tem delas e de seu potencial como instrumento para a inovação. Se reduzidas à dimensão do mercado, no sentido dos fenômenos de moda e consumo, daquilo que ontem se chamava de *hype* e hoje de *cool*, é fato que o espaço para inovar, baseando-se apenas em tais fenômenos, é inversamente proporcional à velocidade com que eles ocorrem. Sem desconsiderar o universo das microtendências (que têm o seu valor, num sistema de tendências), as informações mais estratégicas são aquelas que provêm da observação direta, da análise e da interpretação dos comportamentos e dos movimentos de fundo da sociedade e da cultura como um todo, redesenhando em permanência o *Zeitgeist*. Acompanhar a evolução dos valores e perceber, no *timing* preciso e com a anteci-

AS INFORMAÇÕES MAIS ESTRATÉGICAS SÃO AQUELAS QUE PROVÊM DA OBSERVAÇÃO DIRETA, DA ANÁLISE E DA INTERPRETAÇÃO DOS COMPORTAMENTOS E DOS MOVIMENTOS DE FUNDO DA SOCIEDADE E DA CULTURA COMO UM TODO.

pação necessária, as pequenas ou grandes mudanças sempre em processo, é uma tarefa que deixou de ser para principiantes, na sociedade cada vez mais complexa em que vivemos. Desde sempre reivindicada pelos artistas, "antenas de seu tempo", a tarefa se ampliou e tornou-se um *métier*. Analisar, antecipar tendências e saber como aplicá-las estrategicamente nos mais diversos setores de atividades tornou-se um campo profissional específico de atuação. Estudos e pesquisas baseados em tendências dão uma visão simultaneamente atual, prospectiva e estratégica, e por isso são cada vez mais reconhecidos, pelos atores das mais diversas cadeias produtivas, como instrumento ideal para identificar novas oportunidades, desenvolver produtos ou conduzir processos de inovação. Dentro dessa história, que continuamos a escrever, acredito que a principal contribuição do Observatório de Sinais vem sendo a preocupação constante em discutir e propor conceitos e metodologia, cada vez mais necessários para gerar segurança e resultados, com o objetivo final de compartilhar conhecimento estratégico com nossos parceiros e clientes.

DARIO CALDAS

Sociólogo (FFLCH-USP) e mestre em comunicações (ECA-USP). Fundou em 2002 e dirige desde então o Observatório de Sinais, empresa de consultoria em tendências, pioneira no Brasil.

Dados Internacionais de Catalogação na Publicação (CIP)

Aspectos do design / textos compilados pelo Serviço Nacional de Aprendizagem Industrial (São Paulo).- - São Paulo : Senai-SP editora, 2012.
164 p. - - (Design Senai SP)

Coletânea de artigos, ensaios e entrevistas de diversos autores, divulgados por meio de informativos eletrônicos mensais, produzidos pelo departamento de Design do SENAI – SP.

ISBN 978-85-65418-02-7

1. Desenho industrial 2. Ergonomia I. Título

CDD – 745.2

Índices para catálogo sistemático:
Desenho industrial : Ergonomia
Bibliotecárias responsáveis: Elisângela Soares CRB 8/6565
Josilma Gonçalves Amato CRB 8/8122

Impressão e acabamento: Ricargraf